TOSKANA

TOSKANA

NATUR, KULTUR UND LEBENSART

DUMONT

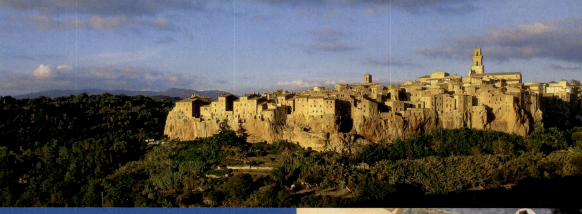

EINFACH PARADIESISCH

SANFTE HÜGEL UND ZYPRESSENALLEEN. Weißer Marmor und goldene Weizenfelder. Romantische Inseln und himmelstürmende Alpengipfel. Ganze Städte, die Kunstwerke sind. Und Dörfer, deren Namen Weinkenner in Verzückung versetzen: Die Toskana ist der Inbegriff Italiens; ein Sehnsuchtsland, dessen Zauber bereits die alten Römer begeisterte und zu dem die Etrusker den Grundstein legten. Zur faszinierenden Architektur von Palazzi, Gotteshäusern und Geschlechtertürmen, zu den Meisterwerken eines Michelangelo, Brunelleschi und Giotto sowie zu Festen, die in ihrer farbenfrohen Pracht jahrhundertealte Traditionen lebendig halten, gesellen sich die Freuden von Strand und Meer, des *benessere* in historischen Thermen und modernen Spas – und das genussvolle *dolce far niente* auf der Piazza. Hausgemachte Pasta mit goldgelbem Olivenöl *extra vergine,* dazu einen tiefroten, seidigen Chianti: So einfach und schön kann das Leben sein. Das ästhetische Ideal der Einfachheit und Klarheit ist der Schlüssel zu dieser Region; es zeigt sich, oft erst auf den zweiten Blick, in Florenz, Siena, Pisa oder Lucca ebenso wie in den bäuerlichen Gebieten. Die Toskana ist ein uralter Traum aus Kultur und Natur – harmonisch gewachsen, von zeitloser Schönheit. Vergangenheit und Zukunft, stille Winkel und belebte Zentren: *ecco la toscana!*

IM TOSKANISCHEN GARTEN EDEN spielt der Ölbaum die zentrale Rolle. Seine aromatischen Früchte, gepresst zu flüssigem Gold, sind eine besonders köstliche Verführung.

VOLLENDETE HARMONIE

Wie von Künstlerhand geschaffen scheint das harmonische Zusammen-
spiel der sanft geschwungenen Linien und kontrastierenden Farbnuancen
der toskanischen Hügellandschaft. Abseits der Straßen, gern in erhöhter
Lage auf einer Hügelkuppe, thronen die typischen Gutshöfe, zu denen
schmale Schotterwege führen.

WEINREICH

Kein Bezug zur gleichnamigen Space Opera von Luc Besson:
Die Genüsse des Weinbar-Restaurants Enoteca Quinto
Elemento in Viareggo sind ganz und gar gegenwärtig.

STATIKWUNDER

Mit einem Trick schuf Renaissancebaumeister Brunelleschi
auf dem Dom zu Florenz die damals größte Kuppel der Welt:
Er setzte zwei Gewölbe übereinander, die einander stützen.

PATRIZIERSTOLZ

Mehr als ein Dutzend mittelalterliche Häuser mussten für den Bau des großzügigen Stadtpalastes der Familie Strozzi weichen. Mit seinen auf schlanken Säulen ruhenden Erdgeschossarkaden verkörpert der 1489 begonnene Palazzo geradezu beispielhaft das Architekturideal der Renaissance.

DER NORDWESTEN

Genau genommen ist der Nordwesten der Toskana untypisch für die Region. Das mag der Grund dafür sein, dass viele Touristen ihn links liegen lassen und gleich in Richtung Pisa oder Siena weiterfahren. Wer sich jedoch für diese Ecke der Toskana Zeit nimmt, der wird so manche Entdeckung machen: Marmorpracht in Carrara, Sandstrände vor dem Hintergrund der Apuanischen Alpen, traditionsreiche Badeorte wie Forte dei Marmi und Viareggio und abgelegene Wanderparadiese in der Garfagnana, dem Hochtal im Hinterland.

GROSSARTIG SELBST ALS AHNUNG: Der Glockenturm des Doms von Lucca mit den Arkaden der Piazza Martino, auf der einmal im Monat ein Antiquitätenmarkt stattfindet.

MARMOR UND
BADESTRÄNDE

Von Weitem sehen sie aus wie ver-
schneite Berggipfel. Doch es ist
nicht Schnee, der die Apuanischen
Alpen in der Sonne weiß leuchten
lässt, sondern es ist der Marmor. Der wei-
ße Staub macht aus der Berglandschaft im
Hinterland von Carrara auch im Sommer ein
Wintermärchen. Aber der Marmorabbau hat
auch bereits riesige Löcher in die Berghän-
ge geschlagen, an denen sich im Zickzack
die Transportstraßen hochschlängeln. Eine
Fahrt hinauf in die Marmorbrüche, nach Fantiscritti und Colonnata, hat auch heute noch
etwas von einem Abenteuer. Hinter Carrara
wird die Straße schnell staubig und schmal,
und die entgegenkommenden Lastwagen
wirken mit ihrer schweren Fracht bedrohlich. Am Straßenrand stapeln sich Bade-
zimmerfliesen, daneben werden Souvenirs,

Kunsthandwerk und allerhand Nippes aus
Marmor verkauft. Plötzlich verschwindet die
Straße im schwarzen Loch eines engen Tunnels. Kein Schild weist darauf hin, dass er
300 Meter lang und stockdunkel ist, und vor
allem wohin er letzten Endes führt. Am besten nicht nachdenken, bis der erste winzige
Lichtschein am Ende des Tunnels erkennbar
wird. Vielleicht muss man sich den Zutritt
zur Welt des Marmors mit dieser kleinen
Mutprobe verdienen.

GEFÄHRLICHER JOB 3500 Beschäftigte arbeiten in der Marmorindustrie, 1200 davon
in den 300 Steinbrüchen. Kaum zu glauben,
dass früher die riesigen Blöcke nur mithilfe
von einfachen Werkzeugen und unter Einsatz
des Lebens aus dem Berg herausgebrochen
wurden. Der anschließende Abtransport ins

VILLEN UND WEISSES GOLD

Tal über Rutschen aus Holz war nicht weniger gefährlich. Heute gibt es die moderne Bohr- und Seilsägetechnik, doch die Arbeit im Steinbruch ist nach wie vor nicht ohne Gefahren. Im Hinterland von Carrara werden inzwischen durchschnittlich mehr als eine Million Tonnen Marmor im Jahr abgebaut. Im Rekordjahr 2000 wurden im Hafen von Marina di Carrara sogar 3,4 Millionen Tonnen des kostbaren Gesteins verschifft. Die Marmorproduktion hatte sich in den vergangenen Jahren nicht zuletzt deshalb fast verdoppelt, weil ein internationaler Chemiekonzern eine neue Nische für den Handel mit dem »weißen Gold« entdeckt hatte: Aus kleineren Marmorbrocken wird Kalziumkarbonat gewonnen, aus dem sich Kalziumtabletten, Zahnpasta und andere Produkte herstellen lassen. Sollte der ungebremste Abbau so weiter gehen, werden die Marmorlagerstätten rund um Carrara voraussichtlich in den kommenden Jahrhunderten erschöpft sein.

VON DEN BERGEN AN DEN STRAND Blühende Oleanderhecken entlang der Autobahn, Palmen an den Strandpromenaden, gelbe Mimosen, Bougainvilleen, Passionsblumen, Zitronen- und Orangenbäume, Kastanien, Steineichen und ausladende Schirmpinien gedeihen an der Küste zwischen Carrara und Viareggio in verschwenderischer Üppigkeit. Villen beherrschen das Bild in den Badeorten, selten verstellen große Hotelbauten den Horizont. Die einheimischen Gäste schätzen die Vorzüge einer traditionellen Sommerfrische. Dazu gehören auch die typisch italienischen Strandbäder, wo man sich für den Aufenthalt am Meer einen Liegeplatz nebst Sonnenschirm und Umkleidekabine mieten muss. Die wenigen öffentlichen Badeplätze sind in puncto Pflege gegenüber den kostenpflichtigen klar im Hintertreffen, wo weder Papierreste noch Zigarettenkippen den geharkten Sand verschmutzen. Jeden Tag sucht man seinen gewohnten Liegestuhl auf und trifft auf den gewohnten Nachbarn, mit dem man dann das gewohnte Schwätzchen hält. Wer der Vorstellung anhing, das Leben in Italien sei ungeordneter als in der Heimat, wird zumindest an den Stränden von Forte dei Marmi, Viareggio oder Marina di Carrara eines Besseren belehrt.

TROTZ MODERNER HILFSMITTEL ist die Bearbeitung von Marmor auch für die Künstler des 21. Jahrhunderts eine Herausforderung, jene der Laboratori Artistici Nicoli bilden da keine Ausnahme. Der Stein will erst geöffnet werden, bevor man ihn mit Meißeltechnik formen kann.

PRACHTVOLL WIE EIN PALAST: Dabei handelt es sich bei den Terme Tettuccio nur um eine von acht Kuranstalten im Heilbad Montecatini Terme. Allerdings wurde sie inzwischen zum Nationaldenkmal geadelt. Montecatini Terme ist Italiens größter Thermalort.

BRIGHTON DER TOSKANA

DER GESUNDHEIT WEGEN Montecatini Terme ist kein gewöhnlicher Kurort. Die Diva unter den Bädern Italiens lässt sich mit Baden-Baden, Karlsbad oder Brighton vergleichen. Seit dem Ende des 18. Jahrhunderts, als die ersten repräsentativen Thermen eingeweiht wurden, trafen sich hier Mitglieder europäischer Königshäuser, Dichter und Intellektuelle, später auch Film- und Bühnenstars aus dem In- und Ausland zur Kur. Giuseppe Verdi soll, wenn ihm seine Leber zu schaffen machte, nach Montecatini gereist sein. Auch der Schah von Persien, der Herzog von Windsor, Orson Welles und Gary Cooper nippten schon an dem lauwarmen Heilwasser, das heute wie damals aus den polierten Messinghähnen der Thermalanstalten fließt.

KUREN UND SICH WOHLFÜHLEN Auch heute ist die Mehrheit der rund 800 000 Kurgäste pro Jahr älteren Semesters, obwohl sich die Kommune bemüht, mit Wellnessangeboten und hochkarätig besetzten Konzertreihen ein jüngeres Publikum anzusprechen.

An warmen Sommerabenden sitzen die Kurgäste vor ihren Hotels und Pensionen und halten ein Schwätzchen, oder sie lustwandeln durch die herrlichen Parkanlagen des Kurstädtchens. Morgens widmet man sich der Gesundheit, denn die Heilwasser werden nur vormittags und auch nur auf Rezept verabreicht. Sie sind so stark, dass man sie in winzigen Schlucken zu sich nehmen sollte – und vor allem nüchtern. Nach ärztlichem Rat gibt es das Frühstück erst 20 Minuten danach, sodass die heilende Wirkung Zeit hat, sich zu entfalten. Neben Trinkkuren mit dem mineralhaltigen Wasser der Tettuccio-Quelle, das in den gleichnamigen Thermen unter allegorischen Kachelwandbildern aus marmornen Zapftheken fließt, gehören in Montecatini auch Schlammbäder zum Wellnessprogramm. Damit neben der Pflicht das Vergnügen nicht zu kurz kommt, spielt zum Kurerlebnis eine Kapelle auf, und Tangorhythmen dringen aus den altehrwürdigen Gemäuern. Manche meinen sogar, dieser Teil der Kur sei für die Genesung wichtiger als das Heilwasser von Montecatini Terme.

RÖMISCHES ERBE

Bis zum Beginn des 19. Jahrhunderts war dieser Platz in Lucca gänzlich zugebaut. Dann riss man die Häuser ab und nahm bei der Neubebauung die Ausmaße des im 2. Jahrhundert an dieser Stelle erbauten Amphitheaters auf – deshalb die ungewöhnliche ovale Form der Piazza del Anfiteatro.

OBEN | TROTZ EINIGER GESTALTERISCH REICHER DETAILS wirkt das Innere von San Michele in Foro in Lucca fast schlicht: kein Wunder – die ursprüngliche Ausstattung wurde im 16. Jahrhundert entfernt. UNTEN UND RECHTS | ERZENGEL MICHAEL verbirgt sich auf dem First, daher gilt die Bewunderung ungeteilt der Madonna, die die Fassade von San Michele in Foro seit dem Abklingen der Pest in Lucca (1480) schmückt. Die Kirche auf dem alten römischen Marktplatz ist die zweitwichtigste Kirche Luccas nach dem Dom. Wie dieser stammt sie aus dem 12. Jahrhundert.

NOSTALGIE ALLERORTEN: In Lucca schlägt das Feinschmeckerherz höher. Die zahlreichen Traditionsgeschäfte in den Altstadtgassen laden zum Schauen, Kaufen und Probieren ein. Die meisten finden sich in der Via Fillungo.

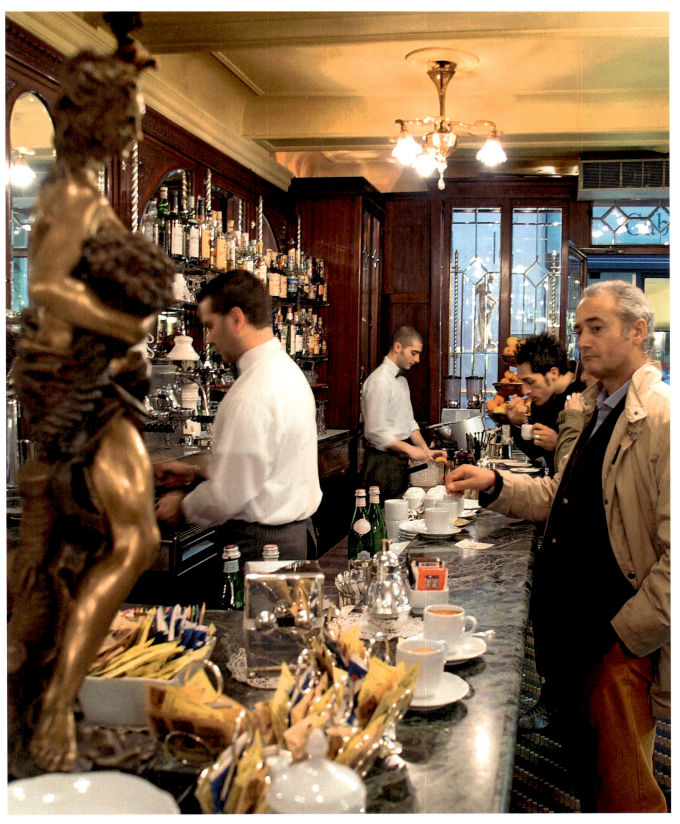

SCHRIFTSTELLER, KÜNSTLER und Giacomo Puccini trafen sich um 1900 regelmäßig im Caffè di Simo im Herzen Luccas. In Anlehnung an dieses »Konzert der Freundschaften« erklingt in den weitgehend original erhaltenen Räumen heute fast jeden Abend Musik.

WERK DES TEUFELS oder nur der »großen Gräfin«? Mathilde von Tuszien, Herrscherin im Mittelalter über einige italienische Regionen, soll den Bau der Brücke veranlasst haben, die der Volksmund später aufgrund ihres unproportional hohen mittleren Bogens Ponte Diavolo taufte.

NATUR SO WEIT DAS AUGE REICHT und doch verstecken sich in der Landschaft der Camaiore (von *casa maiore* = Häuser der Höhen) einige Siedlungen. Die landwirtschaftlich geprägte Region ist nur acht Kilometer von Viareggio entfernt und doch gleich eine ganz andere Welt.

STILLE SCHÖNHEITEN

Pistoia steht für Lebensqualität statt Massentourismus. Mit
dem Dom San Zemo und dem Ospedale del Ceppo besitzt
die Provinzhauptstadt durchaus sehenswerte Baukunst.

OBEN I MMMH – SCHOKOLADE: Eines der versteckten Kleinode Pistoias ist die Cioccolateria Corsini. Verführerische Delikatessen entstehen hinter der unscheinbaren Fassade dieser Manufaktur. LINKS I TOSCANI: Die handgerollten Zigarren aus Lucca genießen Kultstatus. Gefertigt aus speziell fermentiertem, über Holzkohlefeuer getrocknetem Pfeifentabak, sind sie besonders würzig – und stark.

TROTZ MODERNER SÄGETECHNIKEN, Schaufelbagger und Kipplaster bleibt beim Abbau des »weißen Goldes« stets ein Restrisiko für die Menschen, die in den Marmorsteinbrüchen arbeiten.

MARMOR-MANN mit Mann aus Marmor: Walter Danesi hat das Marmormuseum im Abbaugebiet Fantiscritti aufgebaut.

VERSTEINERTE RANKEN? Nur absolute Könner entlocken dem Marmor diese fast lebendig wirkenden Pflanzenornamente.

WEISS WIE MARMOR? Das kostbare Karbonatgestein kommt durchaus auch in Rottönen sowie mit Grau- oder Schwarzfärbung vor.

KÜNSTLER-STEIN

CARRARA-MARMOR zählt zu den berühmtesten Marmoren weltweit. Allerdings finden sich mehrere Dutzend verschiedener Qualitäten unter diesem Oberbegriff, so beispielsweise *ordinario, venato, calacatta*. Der berühmteste ist der blütenweiße *marmo statuario*. Bereits die alten Römer schätzten die Eleganz des Carrara-Marmors und bauten ihn fleißig ab. Im 11./12. Jahrhundert sorgten die Pisaner für florierende Geschäfte in den Steinbrüchen der Region, als sie Tonnen des »weißen Goldes« für die Bauwerke auf ihrem Campo dei Miracoli, dem Platz der Wunder, bestellten. Zum echten Bestseller wurde der Carrara-Marmor während der Renaissance – vor allem dank Michelangelo. Höchstpersönlich, so heißt es, wählte der Capresaner den Stein für seine Statuen vor Ort aus. Auch Künstler wie Henry Moore und Hans Arp arbeiteten bevorzugt mit Carrara-Marmor.

VIEL GEDULD UND GESCHICK sind nötig, um dem Marmor die gewünschte Form abzuringen. Hobbybildhauer erhalten in Pietrasanta wertvolle Tipps.

PINOCCHIO

DER HÖLZERNE BENGEL

PINOCCHIO ALLERORTEN:
Ob im Parco di Pinocchio oder
zur Veranschaulichung eines
Straßennamens wie dem der
Via Lunga Ovest, »Lange West-
straße«, muss die literarische
Figur herhalten.

DIE GESCHICHTE von Pinocchio, der zum Leben er-
wachten Gliederpuppe mit der langen Nase, hat schon
Generationen von Lesern zu Tränen gerührt. Eine Neuverfilmung des Klassikers war deshalb nur eine Frage
der Zeit. Nachdem sich bereits Walt Disney 1940 daran versucht hatte, nahm sich rund 60 Jahre später Italiens Starkomiker Roberto Benigni der Geschichte an.
Mit 45 Millionen Euro verfilmte er die Geschichte von
Pinocchio und spielte auch die Hauptrolle in dem Mär-
chenstück. Den Großteil des Filmetats verschlangen
die technischen Raffinessen. In der Neuverfilmung ist
alles noch bunter, noch rasanter und noch unglaubli-
cher. Ein Beispiel von vielen: In der literarischen Vor-
lage von Carlo Lorenzini – besser bekannt unter dem
Pseudonym Carlo Collodi – wird Pinocchio aus einem
Holzscheit geschnitzt, im Film hat der Puppenvater einen Baumstamm zu bearbeiten, der vorher per Com-
puteranimation durch die Gegend fliegt und aus einem
Marktstand Obstsalat macht. Carlo Lorenzini – der sein

OB GEPPETTO WOHL AUCH, wie in der Schnitzkunst üblich, zunächst ein Tonmodell gefertigt hat? Nach diesem wird dann das hölzerne Meistermodell geschnitzt.

literarisches Pseudonym dem zwischen Lucca und Pistoia gelegenen Dorf Collodi entlehnte, wo seine Mutter geboren worden war und er selbst einen Großteil seiner Kindheit verbrachte – publizierte seine »Storia di un Burattino« (Geschichte eines Hampelmanns) zunächst in kleinen Fortsetzungstexten in einer italienischen Wochenzeitung. Im Laufe nur weniger Monate wurden die »Avventure di Pinocchio« dabei so populär, dass Lorenzini 1883 beschloss, ein Buch gleichen Titels daraus zu machen. 1905 erschien es erstmals auch in deutscher Sprache – als »Hippeltitsch's Abenteuer«. Spätere Übersetzungen wählten »Das hölzerne Bengele« zum Titel. Ab Mitte des 20. Jahrhunderts wurden Collodis Geschichten vom Holzschnitzer Geppetto und seinem eigenhändig geschaffenen »Sohn« (der nach allerlei Hindernissen tatsächlich von der Holzfigur zum Menschen wird) auch in Deutschland fast nur noch unter »Die Abenteuer des Pinocchio« publiziert. Den sensationellen Erfolg seines Buches erlebte der – unverheiratet und kinderlos gebliebene – Autor leider nicht mehr: Kurz vor seinem 64. Geburtstag starb Carlo Lorenzini 1890 in seiner Geburtsstadt Florenz. Dort ist er auf dem Friedhof Cimitero delle Porte Sante begraben.

VON PISA BIS ELBA

Von Pisa würde heute niemand behaupten
wollen, die Stadt liege am Meer. Dass sie
in der Vergangenheit dennoch immer auf
die Küste und nicht auf das Hinterland
ausgerichtet war, hat seinen Grund: Die
Stadt wurde an einer Lagune gegründet und
verdankte ihren Aufstieg zur mächtigen
Seerepublik der Schlagkraft ihrer Flotte. Die
Gewinne aus dem Seehandel flossen in große
Bauprojekte wie den Dom und den Kampanile,
der aufgrund seiner Schieflage – auch das
eine Folge der Meernähe – der Stadt zu
ihrem einzigartigen Wahrzeichen verhalf.

WUNDER ÜBER WUNDER: Wenn Schräges nach Jahrhunderten
wieder fast aufrecht steht, staunen sogar die geschäftigen Putti
an der Piazza dei Miracoli.

DIE SIEBEN GLOCKEN
des Kampanile dürfen
seit der Turmsanierung
2001 wieder läuten.
54 Meter schweben
sie über der Wiese,
auf der Pisas Dom-
Ensemble steht.

SCHÖN SCHIEF

Er steht schief, aber seit einiger Zeit wenigstens stabil schief – der Glockenturm des Doms von Pisa. Seit 2001 können Touristen das einzigartige Bauwerk wieder besteigen. Doch wie kam es überhaupt dazu, dass sich das Gebäude so zur Seite neigte?

AUF SCHWEMMLAND GEBAUT Natürlich sollte er nach dem Willen der Bauherren ein stolzer, gerade stehender Glockenturm werden, als man 1173 den Grundstein legte. Doch daraus wurde nichts. Die Legende besagt, dass die Stadtväter den Baumeister um seinen Lohn prellen wollten, woraufhin dieser seinem Bauwerk befahl, ihm zu folgen – und der Turm stand fortan schief. Überliefert ist jedoch, dass sich der Kampanile bereits Ende des 12. Jahrhunderts, kurz vor seiner Fertigstellung, beunruhigend zur Seite neigte. Allen Maßnahmen zum Trotz vergrößerte sich die Neigung von Jahr zu Jahr und erreichte schließlich einen Überstand von mehr als 4,8 Meter. Ursache für die Schieflage ist der Untergrund – Pisa liegt im Schwemmlandgebiet der Arnomündung.

STABILE SCHRÄGLAGE Zu Beginn der 1990er-Jahre hatte sich der Neigungswinkel des Turms so bedrohlich verändert, dass das Bauwerk aus Sicherheitsgründen geschlossen wurde. Internationale Hilfe machte es möglich, den Turm wieder aufzurichten. Unter der (höheren) Nordseite wurden dazu 30 Tonnen Erde entfernt, während man den Turm mit Bleigewichten beschwerte und mit Stahlseilen sicherte. Die aufwendige Maßnahme kostete rund 55 Milliarden Lire, das entspricht ungefähr 28 Millionen Euro. Nach der Sanierung hat der Kampanile einen

MARIEN-HIMMEL AUS SARAZENEN-GOLD: Sechs gekaperte Schiffe lieferten Pisa die Mittel für den Bau des Doms Santa Maria Assunta mit der Kanzel von Giovanni Pisano.

Überstand von exakt 4,42 Metern, Einsturz-gefahr besteht jedoch nicht mehr.

MÄCHTIGE SEEHANDELSSTADT Pisa ist nach Siena und Florenz die dritte große Kunststadt in der Toskana. Ihre wechselvolle Geschichte spiegelt sich im Stadtbild wider. Der »Platz der Wunder« mit Dom, Baptisterium und Schiefem Turm markiert die Blütezeit der Stadt zwischen dem 11. und dem 13. Jahrhundert. Entlang des Arno dokumentieren noble Stadtpaläste den einstigen Reichtum der alten Handelsstadt, die sich im 15. Jahrhundert unter die Herrschaft von Florenz begeben musste. Die Medici hatten ihr ab dem 16. Jahrhundert, als Pisa zum Großherzogtum Toskana gehörte, den Bau von Brücken und Kanälen verordnet. Zum Schutz vor permanent drohenden Über-schwemmungen und zur Belebung der inner-städtischen Struktur. Heute hat Pisa auf man-chen Gebieten die Nase gegenüber Florenz vorn, etwa wenn es um die Verkehrsanbin-dung geht. Denn Pisa – mittlerweile nicht mehr an der Küste, sondern zehn Kilometer entfernt am Arno liegend – besitzt den wichti-geren Flughafen. Und die im 16. Jahrhundert gegründete Universität zählt zu den belieb-testen und besten in Italien.

FISCH À LA CARTE Zugegeben, ein biss-chen Italienisch sollte man schon können, dann sind die Worte schnell gewechselt und man erfährt so Allerlei auf den Märkten in den Küstenstädtchen. »Das ist Stockfisch, Signore«, sagt der Mann mit der dunkelblauen Strickjacke und der rosafarbenen Schirmmütze, während er an einem Zigarrenstummel kaut. »Wie bereitet man den zu?« »Den Fisch habe ich schon gewässert. Sie müssen ihn nur noch häuten und entgräten, mit Knoblauch einreiben, natürlich pfeffern, in Mehl wenden und in heißem Olivenöl anbraten. *Va bene!*« Aha, so einfach ist das also. Na dann, ab in die Küche! Die Angebote auf den Fischmärkten an der Küste sind verlockend, und wer, wie viele Urlaubsgäste, in einer Ferienwohnung untergebracht ist,

sollte es nicht bei sehnsüchtigen Blicken belassen. Fisch im Restaurant zu essen, ist in Italien kein billiges Vergnügen. Es gibt viele Antonios und Stefanos, die in Castiglione, in Livorno oder anderswo direkt von ihrem Kutter die Meerestiere verkaufen und ihren Kunden gerne noch ein Rezept mit auf den Weg geben. Die ganz einfachen Gerichte wie zum Beispiel die klassischen *vongole*, die Venusmuscheln frisch aus der Pfanne, schmecken oft am besten. Wer sich ein bisschen länger mit den Fischern vor Ort unterhält, der erfährt vielleicht ganz nebenbei auch noch, wann das nächste Fischerfest Sagra del pesce fritto stattfindet, wo sich alles um die frittierten Fische dreht.

IN KLEINVENEDIG, Livornos Kneipenviertel, sollte man unbedingt den berühmten Fischeintopf *cacciucco* oder die *triglie alla livornese* probieren.

ROMANTISCHES REFUGIUM

NAPOLEONS PARADIES Steil ist der Weg und beschwerlich, dafür aber wildromantisch. Hoch hinauf in die Berge durch einen dichten Wald ist auch Napoleon gestiegen, allerdings heimlich, um dort an der Kirche Madonna del Monte seine polnische Geliebte, Gräfin Maria Walewska, und den gemeinsamen Sohn Alexander zu treffen. Die Verschwiegenheit war angebracht, denn Napoleons Gemahlin Marie-Louise hatte ihren Besuch auf Elba avisiert. Außerdem fürchtete der ehemalige Feldherr um seinen Ruf. Am 4. Mai 1814 war er nach seiner Abdankung in Fontainebleau auf Elba an Land gegangen. Für knapp ein Jahr wurden der Villa dei Mulini in Portoferraio und die Villa San Martino, sieben Kilometer südwestlich der Hauptstadt, sein Refugium. Napoleon war nicht gekommen, um sich demütig zurückzuziehen. In der kurzen Zeit auf Elba regierte er, als ob er noch über Frankreich und halb Europa herrschte: Er baute den Hafen aus und eine Verwaltung auf, sorgte dafür, dass der Obst-, Oliven- und Weinanbau sowie der Thunfischfang aufblühten und regte die erneute Förderung von Eisenerz an.

SCHÄTZE UNTER DEM BODEN Dass Elba über Bodenschätze verfügte, wusste man allerdings schon lange vor Napoleon. Bereits Römer und Etrusker beuteten die Erzgruben aus. Herrschaftshäuser stritten ständig um die Insel, die zunächst den Medici und später den Habsburgern gehörte, bevor sie 1799 an Frankreich ging. Napoleon wusste sehr gut, wo er gelandet war. Zu Beginn des 20. Jahrhunderts wurden in Portoferraio noch jährlich 200 000 Tonnen Roheisen produziert, bis zum Zweiten Weltkrieg war Elba quasi von der Schwerindustrie beherrscht. Ein Bombenangriff zerstörte Minen und Hochöfen. An einen Neuanfang war kaum noch zu denken; 1982 schloss das letzte Werk. Der Bergbau auf Elba wiederum brachte die Industrie hervor, die heute noch den Küstenort Piombino (abgeleitet vom italienischen Wort *piombo* für Blei) prägt. Auf Hochöfen und Walzwerke hat Napoleon damals noch nicht geblickt, auch sonst hat ihn sein Inselaufenthalt nicht verzagen lassen. In seinem bescheidenen Landsitz San Martino hat er folgende Notiz an die Wand geschrieben: »Wo immer ich bin, da bin ich glücklich.«

NAPOLEONISCHE ERINNERUNGEN: In der Villa des »kleinen Kaisers«, der ein knappes Jahr – von 1814 bis 1815 – auf Elba gelebt hatte, verblieben seine persönliche Bibliothek und die Fahne mit den drei Bienen, die während seiner Insel-Regentschaft täglich gehisst wurde.

AUSGEZEICHNET

Das einzigartige Gebäudeensemble auf Pisas Piazza dei
Miracoli, zu dem unter anderem das Baptisterium, der
Dom und der Kampanile gehören, wurde 1987 von der
UNESCO zum Weltkulturerbe ernannt.

OBEN | DETAIL EINES GESAMTKUNSTWERKS: Dom, Kampanile und Baptisterium bilden in Pisa ein Ensemble von komplexer Schönheit. Die Taufkirche – hier ein Fassadenausschnitt – eint Romanik und Gotik. RECHTS | FÜNF BAUMEISTER gaben dem Baptisterium sein Gesicht. Bis zur Fertigstellung 1358 vergingen 200 Jahre. Die Marmorkanzel schuf Nicolà Pisano.

SPITZENARCHITEKTUR

Nicht ihre Verzierungen, sondern der einst im Inneren bewahrte Dorn (spina) aus der Christuskrone gaben Santa Maria della Spina in Pisa ihren Namen. Ursprünglich stand das Kirchlein tiefer, direkt am Arnoufer. Um es vor dem Hochwasser zu schützen, trug man es 1871 ab und baute es unverändert hier wieder auf.

SEIT DEM 14. JAHRHUNDERT schmückten auch Skulpturen den Camposanto. Mit den Sarkophagen bildeten sie eine der wichtigsten Sammlungen klassischer Kunst in Europa.

KOSTBAR BIS INS DETAIL: Ein Hinweis auf den hohen Rang jener, die in solch einem Sarkophag ihre letzte Ruhe fanden.

MARMORMASKE: Im Angesicht des Todes blickt das Auge leer und stumm öffnet sich der Mund.

GRABMALKUNST: Auch das Sepulcrum des römisch-deutschen Königs und Kaisers Heinrich VII. ist in Pisa zu bewundern.

RUHE IM HEILIGEN FELD

UM EINE SCHIFFSLADUNG heiliger Erde aus Golgatha, die Pisas Erzbischof Ubaldo de'Lanfranchi zu Beginn des 13. Jahrhunderts von einem der Kreuzzüge mitgebracht hatte, soll, so die Legende, der Camposanto entstanden sein. Mit dem Bau des, wie ein lang gestreckter Kreuzgang konzipierten Friedhofs – eines der »Architekturwunder« auf der Piazza dei Miracoli – wurde allerdings erst 1278 begonnen. Und es sollte noch einmal fast zwei Jahrhunderte dauern, bis er vollendet war. Dafür glänzte das fertige Bauwerk mit herrlichen Fresken und Rundbogenarkaden. Erstere wurden im Zweiten Weltkrieg durch die schmelzenden Metallstreben des in Brand gesetzten Holzdachs stark beschädigt; inzwischen sind sie jedoch hervorragend restauriert. In den inneren Galerien des »heiligen Feldes« fanden die Sarkophage, die einst rings um den Dom verteilt waren, ihren neuen Platz.

DIE BÜCHER, auf die sich die junge Schönheit stützt, verweisen darauf, wem dieses Grabmal gewidmet ist: Dem Physiker Ottaviano Fabrizio Mossotti, der 72-jährig 1863 in Pisa starb.

AUS BOLOGNA NACH PISA kamen die Vorfahren von Andrea Bensi vor gut 50 Jahren. Mehl ausgesuchter Mühlen, natürliche Hefe und langes Reifen des Teigs – das ist (fast) schon das ganze Familiengeheimnis der Backwaren des Panificio Bolognese.

SHOPPING-MEILE SEIT DEM MITTELALTER: Als ursprünglich kürzeste Verbindung zwischen dem Aussa im Norden der Stadt und dem Arno im Süden entwickelte sich der Borgo Stretto von einer Budenhändlerstraße zur elegantesten Einkaufsadresse von Pisa.

TIEFGRÜNDIGES JUWEL

Smaragdgrün schimmert das Meer am Ghiaie-Strand. Und tatsächlich gibt es auf Elba Edelsteine und Erzvorkommen, daher der Name der Stadt Portoferraio.

OBEN | FRISCH AUF DEN TISCH: Der Markt in dem einstigen, von zwei Festungen dominierten Fischerort Porto Azzurro versorgt Einheimische wie Urlauber mit köstlichen Fleisch- und Milchprodukten. UNTEN | ITALIEN WIE AUS DEM BILDERBUCH: Die Via Camerini in Portoferraios Altstadt, die erhaben auf einer Landzunge liegt, bietet auch im 21. Jahrhundert pittoreske Alltagsansichten. RECHTS | ZUM GIPFEL DES MONTE CAPANNE, mit 1019 Metern der höchste Berg auf Elba, führt von Poggio aus ein schöner Wanderweg. Weniger schweißtreibend ist die Fahrt mit der *cabinovia* ab Marciana Alta.

FLORENZ UND UMGEBUNG

Für jeden, der das erste Mal nach Florenz
kommt, ist der Blick von der Piazzale Michelangelo oder von der benachbarten Kirche
San Miniato al Monte ein unvergessliches
Erlebnis. Vor dem Betrachter, auf der anderen
Seite des Arno, liegt wie ein breites Tableau
die Stadt, ein Meer von ockerfarbenen Fassaden
und roten Dächern, beherrscht von einem
einzigen überragenden Bauwerk, dem Dom.
Selbst der Turm des Palazzo Vecchio, des
einstigen Zentrums der weltlichen Macht,
wirkt dagegen bescheiden.

SYMBOL VON MACHT UND REPRÄSENTATION: Der Palazzo Vecchio,
einst Palazzo della Signoria, wie der Platz, an dem er steht, dient bis
heute politischen Zwecken – als Rathaus der Stadt.

DAS HANDWERK ist seit alters *oltrarno,* auf der anderen Seite des Arno, verwurzelt. Aldo Sopo Santini baut und repariert im Viertel Santo Spirito Saiteninstrumente.

RENDEZVOUS MIT DAVID

Ein winziges Schaufenster, zugestellt mit Marienfiguren und Bilderrahmen, deren Goldfarbe bereits abbröckelt. Die Glasscheiben der verschnörkelten Holztür sind nahezu blind. Ein Glockenspiel über der Tür begrüßt den Eintretenden, der sich inmitten von abgewetzten und durchgesessenen Stühlen wiederfindet. Am Boden stehen Truhen und in einer Ecke stapeln sich Pappkartons mit Türgriffen, Scharnieren, Kerzenständern und gusseisernen Schlössern. Aus einer Ecke tönt ein leises »Buongiorno, Signore«. Erst jetzt entdeckt man am Ende des Raums hinter einem Lämpchen den Inhaber von Antichità e restauro. Mit einem Messer kratzt er an einer Holzstatue.

HANDWERK MIT TRADITION Seit Generationen werden in den Vierteln Santo Spirito und San Frediano die Hinterlassenschaften der vergangenen Jahrhunderte restauriert. Von Vater zu Sohn werden Fertigkeiten überliefert, die für einen Tischler, Polsterer, Schlos-

ser, Stuckateur oder Vergolder im 15. Jahrhundert noch ganz selbstverständlich waren. Um den Nachwuchs muss sich die Restauratorenzunft keine Sorgen machen, denn die Ausbildungsplätze in Florenz sind begehrt. Oft kommen die Lehrlinge aus anderen europäischen Ländern oder aus Übersee.

DER HANDEL BLÜHT Auf dem Sektor der Antiquitäten gibt es nichts, was es nicht gibt. Benötigt man das Äquivalent eines alten Messingbeschlags? Fehlt der Schlüssel einer Kommode? Oder soll es eine bestimmte Heiligenfigur sein? Wenn das passende Stück nicht vorhanden ist, kennen die *antiquari* Mittel und Wege, es zu beschaffen oder den entsprechenden Handwerker, der das gefragte Stück detailgetreu anfertigt. Vieles wird allerdings inzwischen über das Internet abgewickelt oder über Versteigerungen, die Christie's, Sotheby's oder das Florentiner Auktionshaus Pitti abhalten. Auch Entbehrliches aus Adelshäusern kommt unter den Hammer, doch davon erfahren nur die besonders wohlhaben-

MERKWÜRDIGES GEBAHREN

den Klienten. Den florierenden Handel halten Kunstberater in Schwung. Und selbst in konjunkturell schwierigen Zeiten gibt es Käufer, die auf Originale aus florentinischen Palästen scharf sind. Mehr denn je sind da die Experten gefragt, die Echtes von Falschem zu unterscheiden wissen. Und nicht zuletzt ist eine Einheit der florentinischen Polizei unterwegs, um dubiose Geschäfte aufzudecken, Kunstschmuggel zu unterbinden und den Ausverkauf von Kulturgut zu verhindern. Doch wer kann schon kontrollieren, wenn wieder eine echte Madonna einfach so in den Kofferraum einer schweren Limousine wandert?

MACHT UND KUNSTSINN Dass es enge Verknüpfungen zwischen Wirtschaft und Politik gibt und erfolgreiche Unternehmer bisweilen als Politiker Karriere machen, ist keine Erfindung des 20. Jahrhunderts. Zu Beginn der Neuzeit vollzog sich in Florenz der beispiellose Aufstieg einer Familie, die die Geschicke dieser Stadt wie keine andere geprägt hat: der Medici. Den Grundstock legte der Bankier Giovanni di Bicci, der im 14. Jahrhundert die Päpste mit Krediten versorgte. Bald unterhielt das Bankhaus Filialen in allen europäischen Metropolen. Giovannis Sohn Cosimo (1389–1464) nutzte zur Mehrung seines Reichtums auch die Politik. Keine Wahl in der Republik Florenz, die nicht finanziell von ihm unterstützt wurde und im

Sinne der Medici ausfiel. Nachdem er seine Gegner verbannt hatte, besetzte er wichtige Ämter mit seinen Anhängern, ließ Steuern erheben und schuf einen Spitzelstaat, aus dessen Geheimgefängnissen die Menschen nicht mehr zurückkehrten.

IN DEN FÜRSTENSTAND ERHOBEN Cosimos Enkel Lorenzo (1449–1492) sicherte die Herrschaft der Familie nicht zuletzt dadurch, dass er Zugeständnisse an die Bürger machte und sie in Parlamenten und Kommissionen mitwirken ließ. Er förderte Humanismus und Renaissancekunst, finanzierte die Gründung von Bibliotheken und unterhielt Kunstsammlungen. Gleichzeitig entfaltete er einen geradezu fürstlichen Lebensstil, der ihn an den Rand des Bankrotts brachte. Die Nobilitierung ließ noch ein paar Jahre auf sich warten, aber sie kam: Kaiser Karl V. erhob 1531 Alessandro de'Medici zum Herzog von Florenz, und nachdem es Cosimo (1519–1574) gelungen war, einen toskanischen Flächenstaat zu schaffen, verlieh Papst Pius V. ihm den Titel eines Großherzogs von Toskana. Doch zu diesem Zeitpunkt hatte die Dynastie bereits ihren Zenit überschritten. Cosimos Nachfolger konnten weder im Hinblick auf ihre diplomatischen Fähigkeiten noch als Unternehmer ihren Vorfahren das Wasser reichen. Mit dem Tod des letzten kinderlosen Medici endete 1737 die Dynastie.

GANZ FLORENZ ZU FÜSSEN: Von der Kirche San Miniato am südlichen Arnoufer bietet sich ein prächtiges Panorama der Stadt. Brunelleschis Domkuppel und Giottos Kampanile wirken dabei, als schwebten sie über dem Dächermeer.

OBEN | DER SCHÖNSTE MANN VON FLORENZ IM ORIGINAL: In der Galleria dell'Accademia steht der David von Michelangelo. Eine Kopie der Marmorstatue begrüßt den Besucher vor dem Palazzo Vecchio. LINKS | ALS FRAGMENTE 1583 in Rom gefunden und restauriert, reisten die Niobiden 1769 nach Florenz, wo sie 1781 ihren Raum in den Uffizien bezogen – den 1993 ein Bombenanschlag schwer beschädigte.

OBEN | EINST SITZ DER »SIGNORIA« (Stadtherrschaft) beherbergte der Palazzo Vecchio zur Zeit Cosimo I. de'Medici die großherzogliche Familie bis zu deren Umzug in den neuen Palazzo Pitti. RECHTS | KONTRASTE: Im Geviert mächtiger Säulen steht im Arkadenhof des Palazzo Vecchio der kleine Brunnen mit einer Kopie des Verrocchio-Putto, der einen Wasser speienden Delfin in seinen Armen hält.

LAUFSTEG MIT LÄDEN

Nachdem ein Hochwasser den alten Holzsteg zerstört hatte, schlugen die Florentiner ab 1333 in zwölfjähriger Arbeit einen dreiteiligen Bogen aus Stein über den Arno – der Ponte Vecchio, eine Brücke mit Ladengeschäften, war geboren.

OBEN | CAPPUCCINO GEFÄLLIG? Und dazu hausgemachte *dolci?* Im Caffè Rivoire gegenüber dem Palazzo Vecchio werden bereits seit 1872 Schokoladen, Pralinen und andere süße Leckereien hergestellt. RECHTS | ÜBERRAGENDES WAHRZEICHEN: Obwohl nur 85 Meter hoch statt der von Giotto geplanten 110 Meter bildet der Kampanile das vertikale Zentrum der »Bischöflichen Insel«. Zwölf Glocken birgt der Turm.

JAHRHUNDERTE IM BAU: Der im Mittelalter
begonnene Dom, die viertgrößte Kirche Europas, wurde erst 1887 mit der Fertigstellung
der Westfassade vollendet.

VORGETÄUSCHTE GOTIK: Die opulenten
Maßwerke und Bauplastiken an der Westfassade entstanden erst ab 1875.

HÖHEPUNKT DER RENAISSANCE: Rund
100 Meter hoch wölbt sich Brunelleschis
Kuppel im Dom zu Florenz.

PORTA DEL PARADISO: Lorenzo Ghibertis
Bronzeportal am Baptisterium mit zehn
Episoden aus dem Alten Testament.

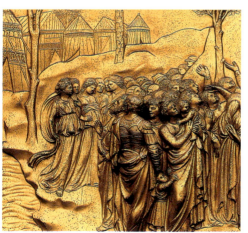

STEINERNE BLÜTE

CAMBIO BEDEUTET WECHSEL. Vielleicht bekam der Mann deshalb den Auftrag. Arnolfo di Cambio sollte ein neues Kapitel in der Baugeschichte Italiens schreiben. Nachdem den Florentinern zur Repräsentation lange Zeit das Baptisterium San Giovanni ausreichend erschien, beauftragten sie 1296 den Baumeister und Bildhauer aus Colle di Val d'Elsa, nun ein Bauwerk zu schaffen, wie es die Toskana nie zuvor gesehen hatte. Di Cambios Dom sollte die architektonischen Meisterwerke von Venedig, Pisa und Siena in den Schatten stellen. Aber Di Cambio starb, kaum dass der untere Teil der Fassade verwirklicht war. Erst die Berufung Giottos brachte neue Impulse; doch der betagte Maler richtete sein Augenmerk vor allem auf den Kampanile. 1436, nachdem Brunelleschis berühmte Kuppel vollendet war, wurde Santa Maria del Fiore schließlich geweiht.

GIGANTISCH: 4000 Quadratmeter misst der Freskenzyklus von Giorgio Vasari und Federico Zuccari in der Kuppel des Doms Santa Maria del Fiore.

INSZENIERUNGSKUNST

»Netz des Friedens« heißt dieser Laubengang im Giardino di Boboli,
mit mehr als 30 000 Quadratmetern einer der größten Gärten Italiens
mit einem reichen Skulpturen-Schatz.

BERÜHMTE BÜHNE: Zur Zeit der Republik war die Piazza della Signoria das politische Zentrum der Stadt und zugleich der Repräsentations-raum der jeweiligen Herrscher über Florenz. Vor der Loggia dei Lanzi steht die Plastik »Raub der Sabinerinnen« von Giambologna.

TRENDY IN ROT UND GOLD: Als Florenz Landeshauptstadt war (1866–1870), dienten die Appartamenti Reali im Palazzo Pitti König Vittorio Emanuele II. als Wohnsitz. Nach der damaligen Mode ließ er einige Gemächer in neobarockem Stil umgestalten – so auch den Thronsaal.

OBEN I GEH AUCH DU: Die Einsiedelei des Franz von Assisi in La Verna, unweit des Geburtsorts von Michelangelo, liegt auf 1100 Meter Höhe. Vom Hauptplatz steigt man hinab zur ersten Zelle des Heiligen. RECHTS I SCHIRM AUS STEIN: Unter ihm wurde dem Volk einst die Sacra Cintola gezeigt, der Gürtel der Muttergottes. Donatello und Michelozzo schufen die prachtvolle Marmor-Außenkanzel am Dom zu Prato.

TOSKANISCHE KÜCHE

DELIKATE DEFTIGKEITEN

STUNDE DER WAHRHEIT:
Von elf bis zwölf prüft Fabio
Picchi, der beste Koch von
Florenz. Jetzt lassen sich
noch Fehler beheben, damit
der Gast zufrieden is(s)t.
Auch bei dieser *erbazzone*,
Mürbeteigkuchen mit
Mangold oder Spinat,
läuft einem das Wasser
im Mund zusammen.

EHRLICHKEIT UND SCHLICHTHEIT kennzeichnen die
traditionelle Küche der Toskana. Ein wenig Raffinesse
zur wohlschmeckenden bäuerlichen Bodenständig-
keit steuert inzwischen allerdings die gehobene aktu-
elle Gastronomie bei, in deren Menüs und Gerichten
experimentierfreudige (Sterne-)Köche Althergebrach-
tes mutig kombinieren – mit Aromen anderer kulina-
rischer Kontinente – und Texturen beisteuern, die ursprünglich nicht in der Region zwischen Lucca, Arezzo
und Grosseto beheimatet sind.

Abgesehen von dem berühmten *bisteccha fiorentina*
und den Pisaner Trüffelgerichten spiegelt die traditionelle Küche der Toskana nach wie vor die über Jahrhunderte von Armut geprägte Geschichte der Region.
Nur wenig stand den Menschen einst an Nahrungs-
mitteln zur Verfügung; allerdings verstanden sie diese
einfachen Produkte mit zunehmender Perfektion zu
verarbeiten. Bestes Beispiel dafür ist das Brot. Es ist
zwar ungesalzen (Salz war einst ein teures Gut), aber

man genießt es bis heute in vielerlei Varianten: vom Stangen- *(filone)* bis zum Kringelbrot, vom Fladen- *(focaccia)* bis zum Blechbrot *(schiacciata)*. Ausgiebig wird das meist helle, luftige Backwerk in Saucen, Sugos oder schlicht in das unverzichtbare Olivenöl getunkt. Oder man reicht es, mit Gewürzen und Aufstrichen verfeinert, manchmal noch leicht angeröstet, als Vorspeise *(bruschette)*. Oft ist Brot sogar die Hauptzutat einer gekochten Mahlzeit: der *panzanella* etwa, für die es eingeweicht, zerdrückt und mit Gemüse vermischt wird. Oder der *pappa,* einer Suppe aus Brot, Knoblauch, Petersilie, Basilikum, Salz, Öl und Tomaten. Wobei wir schon bei der Tatsache wären, dass die Toskana in erster Linie ein Suppen- und Eintopf-Land und keineswegs eine traditionelle Nudelregion ist. Die *ribollita* (wörtlich »wieder Gekochte«), eine Bohnensuppe, zeugt ebenso von dieser kulinarischen Ausrichtung wie der vor allem in Pistoia verbreitete *carcerato* (wörtlich »Häftling«) eine Geflügelkleinsuppe, die einst im Gefängnis gereicht wurde. In der Maremma stillten Rinderhirten ihren Hunger gar bloß mit *acquacotta* (wörtlich »gekochtes Wasser«). Heute freilich steht die Wasser-Öl-Brot-Suppe schmackhaft angereichert um Eier oder Pilze und Pecorinokäse auf den Speisekarten.

Öl, Gemüse und Kräuter bilden so etwas wie den Basisdreiklang der toskanischen Küche. Außer Bohnen *(fagioli)* und Kichererbsen *(ceci),* die zum Beispiel einfach nur mit Zwiebeln oder Rosmarin zubereitet werden, kommen auch Gerichte mit Radicchio (etwa als Salat) oder Mangold *(bietola)* auf den Tisch. Auch Artischocken *(carciofi),* Auberginen *(melanzane)* und Spinat *(spinachi)* zählen zur ursprünglichen toskanischen Bauernküche; gewürzt wird außer mit Rosmarin gern mit Thymian und Knoblauch *(aglio).* Im Landesinneren bilden oft Wild und Pilze die Basis einer Mahlzeit; an der Küste frischer Fisch. Flossenträger gelten bis heute übrigens mancherorts – ähnlich wie Flusskrebse – als *cucina povera,* als Armeleuteessen. Ähnlich verhält es sich mit den vor allem in der Garfagnana rund um Lucca angebauten Getreidesorten Dinkel und Gerste, die dort traditionell als Suppenbasis dienen. *Buon appetito!*

EINFACH GUT: »La Bellezza della Semplicità«, die Schönheit des Schlichten, lautet das Motto des Landguts Casanouva in Figline Valdarno. Die frischen Zutaten stammen vorwiegend aus biologischem Anbau.

SIENA UND DAS CHIANTI

Schön ist das Chianti-Gebiet eigentlich zu
jeder Jahreszeit, ganz besonders im Frühjahr,
wenn es überall blüht und die ersten
Sonnenstrahlen zum Draußensitzen auffordern.
Glaubt man allerdings Weinliebhabern, dann
gibt es für den Chianti nur eine wirklich gute
Reisezeit – den Herbst. Natürlich hat das
mit der Weinlese zu tun und mit der Tatsache,
dass man in diesen Monaten in jedem
noch so kleinen Ort ein Weinfest feiert –
eine gute Gelegenheit übrigens, außer
dem neuen Wein auch die Menschen
im Chianti kennenzulernen!

BILDERBUCH-LANDSCHAFT: Grün in allen Varianten, von Zypresse
über Weinstock bis Olive, akzentuiert vom Ocker der Gemäuer.
So zeigt sich die Toskana bei San Gimignano.

STILVOLLER RAHMEN:
Der Palazzo Pubblico,
Sienas aus Travertin
und Backstein erbautes
gotisches Rathaus,
beherbergt heute auch
das Stadtmuseum.

FERIEN ZWISCHEN WEINGÜTERN

Knallrot blüht der Klatschmohn, silbergrau flirren die Blätter der Olivenbäume vor einem stahlblauen Himmel. Die Drängler an der hinteren Stoßstange werden ignoriert – das Naturschauspiel hat Vorrang. Tatsächlich lässt sich die Region zwischen Florenz und Montepulciano am besten mit dem Auto entdecken, wie sonst käme man in dieser hügeligen Gegend voran? Vielleicht noch als trainierter Mountainbiker.

STADT IN OCKER Auf der Höhe von Siena grüßt von Weitem die Torre del Mangia. Der 102 Meter hohe Turm des Palazzo Pubblico ist das Monument der ehemaligen Handelsstadt, die sich bis heute ihr mittelalterliches Erscheinungsbild bewahrt hat. Im Gegensatz zu Florenz, der Kapitale der toskanischen Renaissance, ist Siena die gotische Metropole. Ihren Reichtum an Schätzen der Baukunst, der Malerei und der Bildhauerei verdankt sie einer Phase des Friedens zwischen 1287 und 1355, nachdem die Florentiner 1260 geschlagen worden waren. Während dieser Zeit wurde die Stadt vom Rat der Neun regiert, einem Gremium aus reichen Kaufleuten, die gute Geschäfte machten und ihre Gewinne in die Gestaltung Sienas investierten.

WETTKAMPF AUF SIENESISCH Die Einwohner von Siena sind verrückt. Natürlich nicht das ganze Jahr, aber an ein paar Tagen. Beispielsweise am 16. August. An diesem Tag feiert die Stadt – urkundlich verbrieft seit 1310 – den Palio, einen Wettkampf zwischen

ÖL- UND WEINPARADIES

den 17 Stadtteilen. Benannt ist das Rennen nach dem Tuch, lateinisch *pallium,* das dem Sieger als Trophäe überreicht wird. Um die seidene Marienfahne für ihren Stadtteil zu erringen, müssen Pferd und Reiter drei Runden um die Piazza del Campo drehen und dabei Kopf und Kragen riskieren. Auf den Stehplätzen rund um den Campo ist das Gedränge groß, besser hat es der, der das Geschehen von einem Tribünenplatz verfolgen kann. Da das Pflaster des Platzes ungeeignet ist für ein Pferderennen, wird der Parcours mit Sand zugeschüttet. Die Zuschauer schwenken Banner und feuern ihre Vertreter an, die Namen aus der Ritterzeit tragen und in bunte Gewänder gehüllt sind: *aquila* (Adler), *drag* (Drache) oder *chiocciola* (Schnecke). Seit 1656 wird der Palio nicht nur am 16. August, sondern auch am 2. Juli gefeiert.

OLIVEN GEHÖREN ZUR TOSKANA wie Zypressen und Wein. Aus dem Großteil wird Öl hergestellt, das je nach Lage und Klima sehr unterschiedlich ausfällt. Am weitesten verbreitet ist die dunkle Olivensorte Leccino. Sie hält Kälte gut aus und ergibt ein aroma-

tisches Öl. Mit der grünen und besonders würzigen Correggiolo werden hohe Erträge erzielt. Eine Wissenschaft für sich ist die Produktion des hochwertigsten Typs *extra vergine*. Die Früchte dürfen nicht zu reif sein, damit keine Gärungsprozesse einsetzen. Die freie Ölsäure hat laut Gesetz unter einem Prozent zu liegen, dann schmeckt das Öl fruchtig und frisch. Je nach Sorte reicht der Geschmack von leicht bitter über pikant bis zu aromatischen Kräutertönen.

OLIVENERNTE bedeutet nach wie vor weitgehend Handarbeit. Was die Finger nicht schaffen, übernimmt der *rastrello,* ein kleiner Plastikrechen, oder die *pinze,* eine Art Riesenpinzette. Nach gut einer Stunde haben zwei Personen einen Ölbaum abgeerntet, der durchschnittlich 20 Kilogramm Früchte liefert. Mindestens 100 Kilogramm werden benötigt, um eine traditionelle Steinmühle zu füllen. Topqualität nach heutigen Ansprüchen lässt sich mit diesen alten Mühlen allerdings nicht erzielen. Daher werden inzwischen vorwiegend Edelstahlzentrifugen für das Pressen von Oliven verwendet.

OBEN | WEINGÜTER, DIE WIE BURGEN WIRKEN: In der Nähe von Radda, seit dem Jahr 1250 Hauptstadt der drei Chianti-Gebiete, leben zwischen Rebhügeln und Olivenhainen pro Quadratkilometer nur etwa 20 Menschen. UNTEN | WEINLESE IST KNOCHENARBEIT, auch wenn es nicht so aussieht. Die bereits von den Etruskern kultivierte Sangiovese-Traube reift relativ spät und wird selten vor Anfang Oktober geerntet.

PRUNK IN STREIFEN

Der Dom Santa Maria Assunta in Siena wurde am höchsten Punkt der Stadt errichtet. Er birgt Kunstwerke wie die Kanzel von Nicola Pisano und den Piccolomini-Altar.

BOTSCHAFTER EINER NEUEN ZEIT: Über einer romanischen Basilika erbaut, ziert den Dom von Siena im oberen Fassadenbereich üppiger gotischer Skulpturenschmuck. Berühmte Zeitgenossen teilen sich dabei den Platz mit allerlei (Fabel-)Getier.

ZEBRA-OPTIK: Auch die Bodenplatten nehmen den markanten Farbkontrast auf, der den Dom Santa Maria Assunta prägt. Zahlreiche Intarsien-arbeiten und Gravuren mit biblischen Szenen und Sagen machen den Boden zu einem begehbaren Gemälde.

EIN FELD FÜR FESTE

KAUM ZU GLAUBEN, ABER WAHR: Sienas heutige Attraktion, die muschelförmige Piazza del Campo, auf der auch der berühmte Palio ausgetragen wird, war einst nichts als eine Brache, die dem Abfluss des Regenwassers diente. Das Stadtzentrum lag ursprünglich im Gebiet des heutigen Castelvecchio – der Campo war im wahrsten Sinne des Wortes außen vor. Glücklicherweise verlief über das Abflussfeld aber einer der bedeutendsten Handelswege der Region. So entwickelte sich bald ein Marktplatz. Im 12. Jahrhundert kauften die Stadtväter von Siena die gesamte Talebene bis zur heutigen Loggia della Mercanzia. Bis ins Jahr 1270 wurde dann der Campo für Messen und Märkte genutzt und entwickelte sich allmählich zum zweiten Mittelpunkt der Stadt neben dem Dom. Als die Herrschaft der Neun begann (1287), erhielt der Campo seine heutige Form als Rathausplatz.

EIN PLATZ FÜR ALLE FÄLLE: Zweimal im Jahr treten die 17 Contraden (Stadtteile) von Siena auf der Piazza del Campo zum Pferderennen an. An diesem Platz, den die Sienesen einfach »Il Campo« nennen, steht der Palazzo Pubblico. Stolz-trutzig präsentiert er sich mit dem großherzoglichen Wappen der Medici am ersten Obergeschoss.

AUFSTREBENDE MACHT

Mehr als 50 Meter ragen die von der UNESCO 1990 zum Weltkultur
erbe erklärten Geschlechtertürme von San Gimignano in den Himmel.
Der linke birgt übrigens inzwischen eine Ferrienwohnung.

OBEN I STEIN DER GÖTTIN: Bereits die Etrusker förderten um Volterra Alabaster und stellten Urnen aus ihm her. Diese in Eiform gewonnene Gipsart wurde häufig als Marmorimitat verwendet. LINKS I MITTELALTER PUR: die Piazza dei Priori in Volterra. An dem in ungewöhnlich harmonischer Geschlossenheit erhaltenen Platz hinter dem Dom steht zinnenbekrönt das älteste Rathaus der Toskana.

CHIANTI-WEIN

IM ZEICHEN DES HAHNS

FLÜSSIGE SCHÄTZE:
Die Keller der Abtei
Badia a Coltibuono aus
dem 11. Jahrhundert
sind vermutlich die
ältesten in der Toskana.
Heute ist das ehemalige
Kloster ein Weingut.

WER VOM CHIANTI REDET, meint meistens das Gebiet zwischen Siena und Florenz. Streng genommen ist das jedoch nur das Herzstück eines weitaus größeren Weinanbaugebiets gleichen Namens, und der Wein, dessen Trauben hier wachsen, heißt Chianti Classico. Mehrere Produktionsgebiete gehören zum Chianti: Bei Pisa wird der Rebensaft als Chianti Mont-Albano gekeltert, um Florenz wird er Chianti dei Colli Fiorentini und um Siena Chianti dei Colli Senesi genannt. Nordwestlich von Florenz wird der Chianti Rufina angebaut. Die westliche Grenze markiert der Chianti dei Colli Pisani und die östliche der Chianti dei Colli Aretini.

CHIANTI IST NICHT GLEICH CHIANTI Der Chianti wird zu über 90 Prozent, neuerdings bisweilen auch ausschließlich aus Sangiovese-Trauben gepresst. In ganz geringen Mengen werden auch Canaiolo-Nero-Trauben verwendet, um das Bukett zu intensivieren, oder auch die Sorte Colorino, der roten Farbe wegen. Manchmal

ROTER WEIN MIT
SCHWARZEM HAHN:
Als offizielles Gütezeichen
fungiert der *gallo nero* seit
1924; als Symbol eines
militärischen Bundes aber
bereits im 14. Jahrhundert.

wird die Malvasia Nera beigemischt, die einen milderen
Geschmack ergibt. Seit der Neufassung der DOC-Vor-
schriften 1995 kann jeder Winzer seinen Chianti keltern,
wie er möchte. Vorbei ist es mit den traditionellen Re-
geln des »Chianti-Barons« Bettino Ricasoli, wonach der
Wein zu 75 bis 90 Prozent aus Sangiovese-Trauben, zu
5 bis 10 Prozent aus Canaiolo Nero und später auch aus
Cabernet und/oder Merlot sowie unbedingt auch aus
weißen Trebbiano-Trauben hergestellt werden musste.
Die weißen Trauben machten den Chianti zwar süffiger
und waren auch sehr ergiebig. Heute soll der Chianti
aber reifen können, und der Weinkenner verlangt nach
dem typischen Brombeergeschmack, den vor allem die
Sangiovese-Traube liefert. Überhaupt gibt es zwischen
den Chianti-Weinen große geschmackliche Unterschie-
de. Ein Teil der Anbauzonen liegt in Meeresnähe mit
fruchtbaren Böden und warmem Klima, ein anderer Teil
der Reben gedeiht auf steinigen Böden und in Höhen-
lagen bis zu 500 Meter, etwa die Weine des Rufina, die
weitaus herber ausfallen als ihre fruchtigeren Konkur-
renten aus dem Süden oder jene aus Küstennähe.

DER SÜDOSTEN

Der Orcia, ein Seitenfluss des Ombrone,
hat sich südlich von Montepulciano seinen
Weg durch ein Tal gegraben, für das die
Bezeichnung lieblich noch untertrieben
erscheint. Unten im Tal blüht der Mohn auf
den Wiesen, Zypressenalleen schlängeln sich
in zahllosen Serpentinen die Hügel hinauf,
und auf den Anhöhen thronen so hübsche
Städtchen wie Montepulciano, Pienza
oder Montalcino, deren Panoramen jedem
Fotokalender zur Ehre gereichen.

SPIEL DES MENSCHEN MIT DER NATUR: die berühmte Zypressen-
schleife zwischen Chianciano und Monticchello – inspiriert von den
sienesischen Fresken Lorenzettis.

TRAUMHAFTE TOUREN

Wenige Kilometer südlich von Siena. Die Landstraße hüpft in Schlangenlinien von Hügelkuppe zu Hügelkuppe. Allmählich wird die Gegend karg und baumlos. Dicke Erdschollen liegen auf endlos wirkenden Ackerflächen, die an eine Mondlandschaft erinnern: die Crete. Die lehmfarbige Erde (*crete* bedeutet so viel wie Tonerde, Lehm) gab der von Tälern zerfurchten Hügellandschaft ihren Namen. Nicht die Natur, sondern der Mensch hat die Crete »geschaffen« – zunächst durch rigorose Abholzung und dann auch durch Überweidung. Seit ein paar Jahrzehnten wird hier großflächig Weizen, Raps und Mais angebaut. Nur im Frühjahr sieht man die Crete für ein paar Wochen in saftigen Farben, doch wenn die Ernte im Juni eingefahren ist, verwandeln sich die Hügel spätestens um Pfingsten herum wieder in die erdfarbenen, kahlen Hänge, die das Bild von den Crete bestimmen.

DER WEIN DER WEINE An den Befestigungsmauern von Montalcino wächst einer der edelsten Weine der Welt: der Brunello di Montalcino. Die Trauben auf der Nordseite ergeben zumeist einen eleganteren Brunello als jene von der Südseite. Durch ein starkes Bukett besticht er vor allem dann, wenn die Trauben auf der Westseite gereift sind. Die Weine von der Ostseite sind dafür eher herb und sehr lange lagerfähig. Lagert der vollmundige, rubinrote Brunello, der mindestens vier Jahre lang gereift sein muss, fünf Jahre im Fass, darf er sich »Riserva« nennen. Der viel gepriesene Tropfen, der aus einer besonderen Spielart der Sangiovese-Traube gekeltert wird, erhielt als erster Wein Italiens im Jahr 1980 mit der DOCG-Plakette das höchste Prädikat des Landes zuerkannt.

SEHNSUCHT NACH DER TOSKANA Viele alte Bauernhäuser, Landsitze, ja sogar ganze Weiler gehören inzwischen nicht mehr den

GLÜCK AUF DEM LAND

Toskanern. Sie haben ihre Landwirtschaft aufgegeben und sind in größere Städte oder in die Industriegebiete im Norden Italiens abgewandert. In den Dörfern, die sie verließen, haben sich Engländer, Schweizer, Niederländer und vor allem Deutsche niedergelassen. Den Traum vom Leben auf dem eigenen Landgut erfüllten sich auch Thierry Besancon und seine Frau Ulla, als sie sich Anfang der 80er-Jahre in den Chianti-Hügeln über dem Val d'Arno eine ehemalige Klosteranlage kauften. Der Anfang war nicht leicht, doch heute baut Thierry auf 4,5 Hektar Oliven und auf 3,5 Hektar Wein an. Auch das Gemüse fürs Hotel – das zweite Standbein der Besancons – stammt aus eigenem Anbau. Dank Zuwanderern wie der Besancons konnte in der Toskana so manches Dorf vor dem Aussterben bewahrt werden. Als ständige Bewohner hält es aber die wenigsten, schon eher als Besitzer einer Zweitwohnung in ländlicher Umgebung.

DER WÜRZIGE AUS PIENZA Er ist alles andere als eine Erfindung der modernen toskanischen Küche – im Gegenteil: Schon in der Antike kannte man den Pecorino, den würzigen Käse aus Pienza. Seine typische graue Kruste verdankt dieser Schafskäse dem Bodensatz von Olivenöl, mit dem die Käsehaut eingerieben wird. Und dies wiederum sorgt dafür, dass er innen noch etwas cremig bleiben kann. Für den echten Pecorino darf nur rohe, nicht pasteurisierte Milch von Schafen aus den Crete, den Höhenzügen um die Stadt Pienza, verwendet werden. In der Regel muss der Käse zwischen fünf Monaten und eineinhalb Jahren reifen. Der reife, härtere Pecorino, der gern auch zum Aperitif serviert wird, ist nicht mit Olivenölrückständen eingerieben und intensiver im Geschmack. Der kleinere, oval geformte Marzolino gehört ebenso zur Familie des Pecorino. Ganz frisch besitzt der Pecorino ein milchiges Aroma. Er schmeckt hervorragend zu toskanischem Weißwein, mit Weißbrot, etwas Olivenöl und frisch geschrotetem Pfeffer. Als Mitbringsel eignet sich der Pecorino gut, denn er muss nicht sofort verzehrt werden. Wenn die Kruste nach einiger Zeit zu schwitzen beginnt, reibt man sie einfach ab. In den Geschäften von Pienza, Montepulciano und Montalcino findet man auch raffinierte Variationen des beliebten Käses, so etwa Pecorino mit grünem Pfeffer oder mit Walnüssen. Wer nicht zum Käsefest Fiera del Cacio am ersten Septemberwochenende da ist, kann sich das ganze Jahr über zum Beispiel in der Bottega del Naturalista quer durch die besten Käse probieren (Corso Rosselino 16).

PERFEKTES MITBRINGSEL: toskanischer Pecorino. Allerdings sollte es der Echte sein, aus der Milch vom Schaf *(pecora)*. Schon Papst Pius III. und Lorenzo de'Medici schätzten den würzigen Käse, der inzwischen ein Herkunftssiegel trägt.

WEHRDORF

Auf einer Anhöhe über dem Tal liegen die meisten alten Ortschaften des Val d'Orcia, so auch das festungsartig anmutende Campiglia d'Orcia.

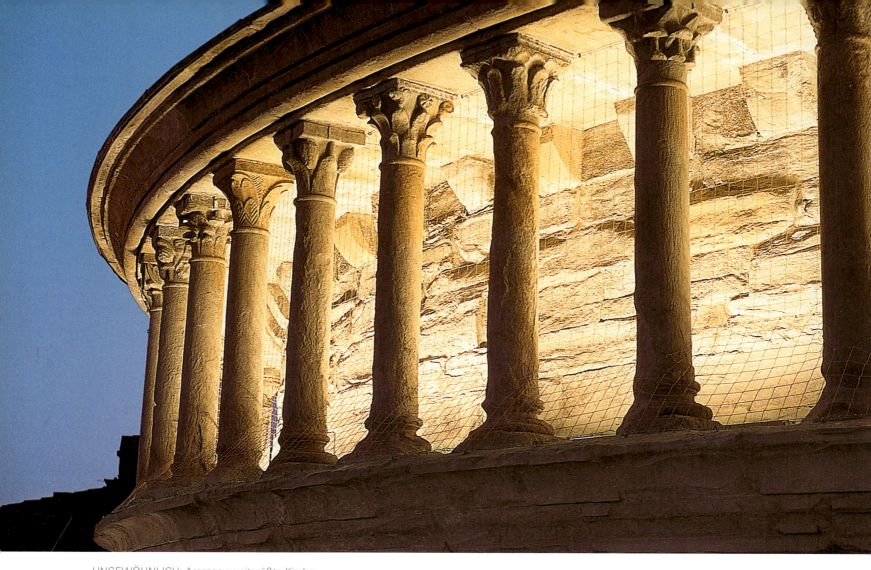

UNGEWÖHNLICH: Arezzos zweitgrößte Kirche
Santa Maria della Pieve ist mit der Apsis statt mit
der Fassade der Piazza Grande zugewendet.

SCHMALE EINSICHTEN: Romantische
Gassen mit herrlich gestalteten Fassaden
prägen den historischen Kern von Arezzo.

DOPPELTE LOGGIA: Der Palazzo im Hintergrund stand Pate für das Ristorante Logge
Vasari an der Piazza Grande von Arezzo.

TRÖDEL, KITSCH UND ECHTE ANTIQUITÄTEN
kann man auf dem großen Antikmarkt in Arezzo
suchen und finden.

SCHMUCKE KULISSE – PIAZZA GRANDE

NEBEN DER BERÜMTEN KIRCHE San Francesco und dem Dom gibt es einen weiteren Hauptanziehungspunkt in Arezzo: die Piazza Grande. Um den leicht geneigten Platz sind zahlreiche Antiquitäten- und Kunsthandwerksgeschäfte versammelt. Und an jedem ersten Sonntag im Monat findet hier der berühmte Antikmarkt statt. Kunsthandwerk im weitesten Sinne begründete den Wohlstand von Arezzo, das zu den zwölf mächtigsten Städten der Etrusker zählte. Bereits im 1. Jahrhundert v. Chr. produzierten Aretiner Manufakturen die *terra sigillata,* eine bestimmte Form von gehobenem römischen Tafelgeschirr. Berühmt waren auch die Gießereien der Stadt und ihre *vasi corallini,* Vasen von korallenroter Farbe. Bis heute ist Arezzo, dessen mittelalterlicher Kern zu den schönsten der Toskana zählt, zudem bekannt für seine Schmuckindustrie. Pro Monat werden hier mehr als zehn Tonnen Gold verarbeitet.

VIER STADTVIERTEL kämpfen beim traditionellen Giostra del Saraceno, dem Sarazenenturnier, im Juni und September auf der Piazza Grande um die goldene Lanze. Auf dem Platz wurden übrigens auch einige Szenen von Roberto Benignis preisgekrönten Film »Das Leben ist schön« (»La Vita è bella«) gedreht.

UTOPIA IM ORCIATAL

Trotz Renaissancefassade zeigt Pienzas Dom Züge der nordalpinen Gotik. Verantwortlich dafür ist Papst Pius II., der seinen Geburtsort zur »idealen« Stadt ausbaute.

VIA GUGLIELMO MARCONI

THERMALQUELLEN

WASSER ZUM WOHLFÜHLEN

THERMALWESEN IM
21. JAHRHUNDERT:
Auch in Petriolo (oben)
hat man die Zeichen der
Zeit erkannt und setzt
in Sachen Heilwasser
auf das Konzept Spa und
Resort. In Saturnia (links)
hingegen aalt man sich
nach Art der alten Römer
in Naturbadewannen im
Thermalwasser.

SCHON DIE ETRUSKER schätzten die heilenden
Quellen der Toskana. Noch immer sind sie vielerorts
naturbelassen und ihre Nutzung ist kostenlos. Doch
zunehmend entstehen in den *bagni* luxuriöse Spa- und
Wellnesszentren. Noch treffen Frei-Bader und Edel-
Entspanner in der Dorfbar meist wieder zusammen.

Die einen schwärmen noch Monate später in den
höchsten Tönen, die anderen packen entnervt kaum
angekommen wieder ihre Sachen. Die Thermen
von Saturnia scheiden eben die Geister. Während den
erfahrenen Wohnwagenreisenden schon der Anblick
der vom Thermalwasser überspülten Kalktuffwannen
in Verzückung geraten lässt – »viel schöner als die
Bagni di Petriolo« –, finden andere Urlauber deutlich
weniger Gefallen an der weißlich-trüben »Brühe«. Zu-
mal diese ihnen kräftig faulig in die Nase steigt. Das
Riechorgan von anderen indes nimmt lediglich einen
»angenehmen, leichten Schwefelgeruch« wahr.

In gleißendem Kontrast zu den von einem munteren,
einheimischen Badevölkchen belagerten Kaskaden und
natürlichen Sinterwannen steht das mondäne Resort
Terme di Saturnia. Sein viergeteilter Beckenpark bietet

Duschen, Liegestühle, Sonnenschirme, Hydromassagen sowie einen Warm- und Kaltwasserparcours. Gebadet wurde in den toskanischen *bagni* stets nicht nur zu Heilzwecken, sondern auch, weil es Spaß macht. Inzwischen sind viele zu Zentren des *benessere* avanciert, in denen es mehr um das Wohl des Menschen im Allgemeinen geht, um gepflegtes Entspannen und Sich-verwöhnen-Lassen.

BADEN WIE DER PAPST In der Maremma hat Saturnia mit seinem aufwendig ins 21. Jahrhundert katapultierten Thermenpalast ein Zeichen gesetzt. Petriolo zog nach und runderneuerte 2008 sein Thermenhotel an der Südrampe der Brücke übers Farmatal zum zeitgeistigen »Spa & Resort«. Innen- und Außenpool der Fünfsterneanlage sind mit dem Thermalwasser der 43 Grad heißen Quellen gespeist; im Wellnesszentrum wurden neben Sauna, Dampfbad und Massagebecken auch ein Kneippbereich und eine Trockeneishöhle integriert.
Wie Saturnia blickt Petriolo zurück auf eine lange Thermentradition. Davon zeugen tief im Tal unter der Brücke an der eigentlichen Quelle die malerischen Mauerreste des Thermalbads von Papst Pius II. aus dem 15. Jahrhundert. Kostenlos kann man dort tagsüber und besonders romantisch nachts in einem Badeteich am Rand des Flusses planschen, sich unter eine 40 Grad heiße Thermaldusche stellen oder in steinernen Naturbecken liegen. Thermalwasser sprudelt aber auch noch andernorts kostenlos aus dem Berg: zum Beispiel bei Bagno San Filippo am Fuß des Monte Amiata, wo ganze Großfamilien genussvoll in freier Natur ihr Zipperlein pflegen. Oder bei Bagno Vignoni, einem Ort wie aus dem Märchenbuch: Statt um einen Dorfplatz gruppieren sich die Häuser um ein historisches Thermalbecken, aus dem es von Herbst bis Frühjahr wie aus einem Kochtopf dampft. Wer ein Gratiswarmbad mit natürlichen Schlammpackungen sucht, der findet beides unmittelbar unterhalb des Orts. Alle Annehmlichkeiten moderner Wellnesstempel bietet die Luxusherberge Adler Thermae eines Hoteliers aus dem Grödnertal in den nahen Zypressenhügeln.

DAS LEBEN
ist manchmal ein
ruhiger Fluss –
wie am Saum der
Cascata del Mulino,
wenn sich der
Wasserfall über die
letzte Kalkterrasse
ergossen hat.

IM FARMATAL,
zu Füssen der
Thermen von Petriolo,
planscht man naturnah
in den Relikten der
Badeanlagen aus
dem 14. Jahrhundert.

HYDROTHERAPIE
sowie eine Fülle
zeitgenössischer
Schönheits- und Fitness-
offerten erwarten
den Gast in den
Terme di Saturnia.

LIFE QUALITY
MEDICAL PROGRAMM
nennt sich die zeit-
genössische Variante
der guten alten
Thermalkur – zumindest
im mondänen Resort
Terme di Saturnia.

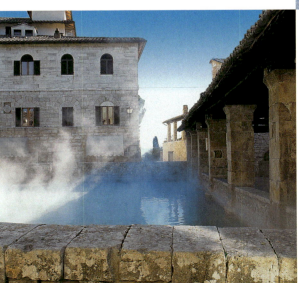

DANTE SCHWÄRMTE
von ihnen, aber bekannt
waren sie bereits den
alten Römern, die
Schwefelquellen und der
37 Grad warme Wasserfall
Cascata del Mulino.

LA VASCIA VECCHIA
heißt in Bagno Vignoni
das historische Thermal-
becken. Bereits die
heilige Katharina
besuchte das berühmte
Bad auf der Piazza.

DER SÜDEN

Die Geschichte der Toskana ist vor allem
eine Geschichte ihrer Städte. Doch nicht erst
seit dem Mittelalter. Noch bevor die Römer
das Gebiet unter ihre Herrschaft bringen
konnten, gründeten die Etrusker Städte, die
in einem losen Verbund organisiert waren.
Ihre Handelsbeziehungen reichten weit über
die Grenzen von Südeuropa hinaus, ihre Kultur
gibt bis heute Rätsel auf. Die Sumpfgebiete
im Süden der toskanischen Küste haben sie
als Erste entwässert. Erst durch sie konnte die
Maremma zu einer Kulturlandschaft werden.

URLANDSCHAFT: Der von Hügeln und Sümpfen geprägte
Küstenabschnitt zwischen Principina und Talamone wurde
1975 zum Parco Regionale della Maremma erklärt.

SINFONIE IN GELB
UND GRÜN: Auch
Sonnenblumenfelder
und kühn gestaltete
Alleen sind ein typisches
Merkmal für die Küsten-
ebene der Südtoskana.

SONNIGES ETRUSKERLAND

Es ist noch nicht so lange her, da war die Maremma ein unbewohnbares Sumpfland. Niemand wollte freiwillig in diese Gegend ziehen, wo immer wieder die Malaria wütete und man den Boden erst einmal entwässern musste, bevor man ihn bebauen konnte. Dabei war die Maremma sowohl bei den Etruskern als auch bei den Römern wegen ihrer Nähe zur Küste sehr beliebt. Natürlich nur unter der Maßgabe, Kanäle zur Entwässerung anzulegen und diese auch zu pflegen. Seit dem 15. Jahrhundert hatten sich die Sümpfe allerdings in dem küstennahen Schwemmland erneut ausgebreitet. Selbst die Via Aurelia, die einst Frankreich mit Rom verbunden hatte, stand im Mittelalter unter Wasser.

VOM SUMPFLAND ZUM WEINLAND Heute ist die Maremma weitgehend trockengelegt und eines der großen Anbaugebiete für Gerste, Mais, Obst und Gemüse. Große Hoffnungen wurden in den Weinanbau gesetzt. Viele sahen die Maremma bereits als künftiges Chianti-Gebiet. Doch aktuell mehren sich die skeptischen Stimmen: zu teuer und zu schwer seien die Tropfen der Maremma-Winzer. Man wird sehen. Sicher ist aber, dass die Maremma als Urlaubsregion in den letzten Jahren dazugewonnen hat. Endlose Pinienalleen und Badeorte mit langen Sandstränden, ein einzigartiger Naturpark und ein Hinterland voller Entdeckungen, das zu sportlichen Aktivitäten einlädt – wer könnte da noch behaupten, der »wilde Süden« der Toskana hätte nichts zu bieten?

ERHOLUNG AM SILBERBERG

DER SILBERBERG Etwas weiter südlich an der Via Aurelia, die heute als vierspurige Schnellstraße die Küstenregion durchschneidet, schiebt sich eine Halbinsel ins Tyrrhenische Meer. Der Monte Argentario ist mit dem Festland durch drei Landzungen verbunden, die von feinen Sandstränden gesäumt sind. Zu ihnen gelangt man über versandete Pfade durch Pinienwäldchen. Besonders die Großstadt geplagten Römer suchen hier an heißen Wochenenden Ruhe und Abwechslung. Ausländische Touristen gibt es wenig. Die mittlere Landzunge war wohl schon im 8. Jahrhundert v. Chr. von den Etruskern besiedelt. Heute liegt hier das idyllische, mit Palmen bewachsene Städtchen Orbetello, wo Zitronen- und Orangenbäume blühen. Auf den beiden anderen Sandbänken, dem Tombolo di Feniglia im Süden und dem Tombolo di Giannella im Norden, führen Straßen auf den von Macchia überzogenen »Silberberg«, der an vielen Stellen einen verwunschenen Eindruck macht. Überall an der felsigen Küste gibt es Badebuchten mit Grotten und kleinen Höhlen.

Noch in den 1950er-Jahren war Porto Santo Stefano ein Fischerhafen, heute künden luxuriöse Jachten und Motorboote von wohlhabenden Besuchern. Wer das Innere der Halbinsel zu Fuß erkunden und die Stille der Natur genießen möchte, der kann auf alten Maultierpfaden oder mit dem Mountainbike die hügelige Wildnis durchstreifen, in der es nach Lavendel, Rosmarin und Pinien duftet. Im Hafen von Porto Santo Stefano wartet danach der Trubel: Von hier legen die Fähren zu den Inseln Giglio und Giannutri ab – meist mit Tauchsportlern an Bord. Nicht weniger frequentiert ist der Küstenort Port'Ercole, ebenfalls auf der Halbinsel des Monte Argentario gelegen. Vom Festland aus dauert es höchstens eine Viertelstunde, bis man hier anlangt. Auch in Port'Ercole, einstmals ein kleines Fischernest, ist die Uferpromenade von Restaurants gesäumt. Verglichen mit anderen Küstenorten Italiens geht es hier allerdings immer noch sehr gemütlich zu. In den Gassen von Port'Ercole kann man es noch finden, das nahezu unverfälschte Flair von Bell'Italia.

SCHATTIGES GEWÖLBE: Vom Regionalparkzentrum Albarese führt diese prächtige Pinienallee Richtung Via Aurelia. Zahlreiche Familien aus Venetien emigrierten zwischen den Weltkriegen in die Maremma und bewirtschafteten die Tenuta di Albarese.

KLUGE KÖPFE

GEHEIMNISVOLLE KULTUR Mal schauen sie ernst, mal heiter, die steinernen Zeugen der Etrusker. Vor rund 3000 Jahren begann ihre Geschichte, die bis heute Rätsel aufgibt. Vor allem eine Frage beschäftigt die Forschung: Woher hatten die Etrusker die genauen Kenntnisse der Eisenerzverhüttung? Woher bezogen sie ihr detailliertes Wissen über die Metallurgie, wie entwickelten sie ihre erstaunliche Goldschmiedekunst?

In der Nähe der Küste, aber doch in sicherem Abstand, gründeten sie die ersten Städte – darunter Roselle und Vetulonia bei Grosseto –, denen weitere im Landesinneren folgten. Einen etruskischen Flächenstaat hat es nie gegeben, dafür selbstständige Stadtstaaten, die sich zu einem Zwölferbund zusammengeschlossen hatten. Sechs dieser Städte liegen heute auf dem Gebiet der Toskana: Arezzo, Chiusi, Cortona, Populonia, Roselle und Volterra. Die politische Führung lag zunächst bei einem König, später wurde sie vom Land besitzenden Adel wahrgenommen. Die Nachfrage in Europa nach Eisen,

Kupfer und silberhaltigem Blei war in dieser Zeit sehr groß, und so entwickelte sich der Bergbau zu einem gewinnbringenden Gewerbe für die Etrusker. Das zweite Standbein der etruskischen Wirtschaft war der Handel, der das gewiefte Völkchen auf dem Landweg bis über die Alpen, auf dem Seeweg – die Etrusker waren versierte Schiffsbauer und erfahrene Seefahrer – bis nach Griechenland und Südfrankreich führte.

Trotz all ihrer technischen und kulturellen Errungenschaften konnten sich die Etrusker nicht gegen die neue Macht auf der italienischen Halbinsel durchsetzen: die Römer. Was von dem als Hirtenkrieger zwischen 800 und 200 v. Chr. nach Mittelitalien gekommenen Volk blieb, ist das kulturelle Erbe, das man heute vor allem in den archäologischen Museen der Region sowie in den freigelegten Gräbern und den Nekropolen der einstigen Etruskerstädte bestaunen kann. Besonders eindrucksvoll sind die Ausgrabungen in Roselle, wo sogar ein kleines Amphitheater zu sehen ist.

OBEN I GERETTETE RINDER: Sie gaben zu wenig Milch und hatten zu wenig Fleisch. Daher war die Razza Maremma in den 80er-Jahren vom Aussterben bedroht. Ein ambitioniertes Aufzuchtprogramm bot der Gefahr Einhalt. UNTEN I RUHMVOLLE SPERRE: Mit der 1770 für Großherzog Leopold erbauten Schleuse Casa Rossa bei Castiglione della Pescaia festigte der sizilianische Naturwissenschaftler Leonardo Ximenes seinen Ruf als Hydraulikingenieur.

BEGEGNUNG DER ZEITEN: Während das Taufbecken von Antonio Ghini aus der Mitte des 15. Jahrhunderts im Dom zu Grosseto noch original erhalten ist, verdanken die Kirchenschiffe ihren »gotischen« Charakter einer massiven Restaurierung um 1860.

MARKANTER SAN LORENZO: Seine Fassade aus rotem und hellem Kalkstein erhielt der 1294 begonnene Dom Grossetos erst gut 500 Jahre später. Er steht auf der zentralen Piazza Dante, ebenso wie der neogotische Palast der Provinzialregierung.

AUS FEUER GEBOREN

Wie ein Bühnenbild thront Pitigliano auf einem Tuffsteinfelsen.
Seine Entstehung verdankt der Felsen der vulkanischen Vergangenheit der Gegend. Im Ort selbst sind zahlreiche Zeugnisse alter
jüdischer Kultur erhalten.

GÄRTEN

KUNSTRAUM NATUR

GESCHÄFTSMANN
MIT KUNSTSINN:
Piero Giadrossi begeistert
sich für Werke
afrikanischer Künstler.
Niki de Saint Phalles
dralle Nanas genießen
längst Klassikerstatus.

TOSKANISCHE GARTENANLAGEN gelten von jeher als Ausdruck italienischer Lebenskunst. Von den historischen Parks ließen und lassen sich auch zahlreiche Künstler der Gegenwart zu eigenen Open-Air-Werken in der Region inspirieren.

Niki de Saint Phalle, die Erfinderin draller Nana-Figuren, machte den Anfang mit ihrem Giardino dei Tarocchi, einem Parkgelände voller begeh- und bewohnbarer Plastiken, die Motive aus dem Tarot aufgreifen.

Daniel Spoerris Kunst-Garten eint ebenfalls Tradition und Moderne. Zu gigantischen Pflanzensofas und Spazierstock-Spalier gesellt sich beispielsweise eine ganz konventionell gestaltete weibliche Schönheit aus rotem Sandstein. Anfang der 90er-Jahre begann der Schweizer Künstler sein Werk. Neben Arbeiten von ihm selbst sind auf dem 16 Hektar großen Gelände des Giardino di Daniel Spoerri inzwischen Plastiken und Installationen von 40 Künstlerkollegen zu sehen.

Ebenfalls einer stattlichen Riege von Kunstschaffenden der Gegenwart bietet Guiliano Gori in der Fattoria

IM GIARDINO DI
DANIEL SPOERRI
ist die Natur mit
Plastiken von
40 Kollegen des
Schweizer Künstlers
gespickt – darunter
Erik Dietmans
»Olivengespensterchen«.

di Celle eine Ausstellungsplattform. Auf einem Hügel in der Nähe von Pistoia begann der passionierte Sammler in den frühen 80er-Jahren mit seiner Kollektion. Heute sind dort um eine Villa aus dem 18. Jahrhundert Werke von Kunstgrößen wie Mimo Palladino, Magdalena Abakanowicz und Sol Lewitt versammelt.

Lorenza und Marco Pallanti vom Weingut Castello di Ama beschlossen 1999, den mittelalterlichen Weiler Ama im Chianti-Gebiet um moderne Kunst zu bereichern. Michelangelo Pistoletto war der Erste, den sie fragten. Er schuf eine totemartige Holzskulptur. Nummer zwei war Daniel Buren. Bald entstand eine Galerie von Open-Air-Gemälden im Garten vor der Villa Ricucci. Ein gutes halbes Dutzend weiterer Künstler ließen sich seither vom Genius Loci der Fattoria und des Castello di Ama inspirieren.

In der Nachbarschaft leistet sich der Geschäftsmann Piero Giadrossi seit 2004 ebenfalls ein Freiluftmuseum – auf dem Gelände einer ehemaligen Wildschweinzucht. »Den Anstoß gab ein Besuch im botanischen Garten von Kapstadt mit der Ausstellung der Shona-Figuren«, erzählt Signore Piero. Rund 30 Installationen und Skulpturen von Künstlern von Ägypten bis Simbabwe eint nun der Parco Sculture del Chianti.

Ein Vielfaches dieser Zahl erreichen die filigranen Schöpfungen von Paul Fuchs. Der Musiker und Bildhauer hat in seinem Giardino dei Suoni (Garten der Töne) in der Maremma viele seiner ursprünglich an verschiedenen Orten ausgestellten Röhren- und Stab-Giganten versammelt. Federnd sind sie dem Wind ausgesetzt – und erzeugen dabei die unterschiedlichsten Klänge.

ADRESSEN

Il Giardino dei Tarocchi, Pescaia Fiorentina, Località Garavicchio, www.nikidesaintphalle.com
Il Giardino di Daniel Spoerri,
Seggiano, www.danielspoerri.org
Fattoria di Celle,
Via Montalese 7, Santomato, Tel. 0573-479907
Castello di Ama,
Località Ama in Chianti, www.castellodiama.com
Parco Sculture del Chianti,
La Fornace 48/49, Pievasciata, Tel. 0577-357151
Il Giardino dei Suoni Paul Fuchs,
Boccheggiano bei Montieri, Tel. 0566-998221

DIE TOSKANA AUF EINEN BLICK
SEHENSWERTES VON A BIS Z | WISSENSWERTES

S. 18–43
DER NORDWESTEN

S. 66–91
FLORENZ
UND UMGEBUNG

DUMONT KARTE

Carrara

Pistoia

Prato

Viareggio

Lucca

Florenz

Arno

Pisa

Arno

S. 92–111
SIENA UND DAS CHIANTI

Greve in Chianti

Livorno

S. 44–65
VON PISA BIS ELBA

San Gimignano

Volterra

Siena

Crete Senesi

Montepulciano

Montalcino

Pienza

Piombino

S. 112–127
DER SÜDOSTEN

ELBA

Portoferraio

Castiglione
della Pescaia

Grosseto

Pitigliano

S. 128–143
DER SÜDEN

Isola Pianosa

Orbetello

Isola del Giglio

Monte Argentario

DER NORDWESTEN

CARRARA Der Name Carrara (65 000 Einw.) geht auf das altligurische *kar* zurück und bedeutet schlicht Stein. Gemeint ist der allgegenwärtige Marmor an den Gebäuden, auf dem Straßenpflaster und in Form von Staub.
SEHENSWERT Zentrales Schmuckstück ist der **Dom Sant'Andrea** (11.–14. Jahrhundert) mit seiner Fassade aus grünem und weißem Marmor. Die Marmortreppe der Kanzel wurde aus einem Block gehauen. Imposante Paläste aus dem 17. Jahrhundert stehen um die hübsche **Piazza Alberica**. An der Piazza XXVII. Aprile haben Steinmetze ihre Marmorateliers eingerichtet. An der Viale XX Settembre, zwischen Carrara und Marina di Carrara, informiert das **Museo del Marmo** über das Gestein, seine Geschichte und seine Verwendung.

UMGEBUNG VON CARRARA Die bekanntesten Marmordörfer heißen **Colonnata** und **Fantiscritti**. Im Abbruchgebiet von Fantiscritti startet neben dem Freilichtmuseum von Walter Danesi (www.cavamuseo.com) die **Marmo Tour** in die ausgehöhlten Berge (www.marmotour.com). **Massa** ist das moderne Zentrum der Region und eine rege Handwerkerstadt. Die tatsächlich von Orangenbäumen gesäumten **Piazza degli Aranci** dominiert der trutzige **Palazzo Malaspina** mit seinem eleganten Innenhof und Renaissancearkaden. Hoch über der Stadt thront das **Castello der Malaspina**, von dem man bis zum Meer blicken kann.

FORTE DEI MARMI Prächtige Villen erinnern ans 19. Jahrhundert, als der Badeort (9000 Einw.) Mittelpunkt des gesellschaftlichen Lebens an der Versilia war. Auch heute noch prägen Mailänder Touristen mit ihrem eigenen Chic den Stil des Ferienorts mit dem feinsten Strand der Nordtoskana. Die Flaniermeile in dem hübschen, aber auch teuren Seebad ist die 300 m lange Mole, an der einst der Marmor verladen wurde.

UMGEBUNG VON FORTE DEI MARMI In **Pietrasanta** kann jeder zum Meißel greifen und den Marmor verarbeiten – bei einem Kurs im Istituto d'Arte. Schmuckstück der Festungsstadt ist der Dom, die Collegiata di San Martino. Die Fassade ist vollständig mit weißem Marmor verkleidet.

LUCCA Das gut erhaltene Zentrum dieser toskanischen Perle liegt geschützt hinter einem Festungswall, der den Überschwemmungen des Flusses Serchio Einhalt gebot.
SEHENSWERT Von der **Torre Guinigi** bietet sich ein schöner Blick über die Stadt. Durch die **Via Fillungo** mit wunderschönen alten Geschäften kommt man zum Wahrzeichen Luccas, zur **Piazza Anfiteatro**, dem ehemaligen römischen Amphitheater. **San Frediano**, ganz in der Nähe, erinnert an byzantinische Kirchenkunst. Im **Dom San Martino** bezaubert das Marmorgrabmal der Ilaria del Carretto von Jacopo della Quercia. Lieblingskirche der Luccheser ist **San Michele in Foro**, die Bürgerkirche mit der imposanten fünf Galerien hohen Westfassade.

UMGEBUNG VON LUCCA Auf dem Weg in die Berge empfehlen sich Ausflüge zu den Luccheser Villen: zur **Villa Reale** (1800), zur **Villa Mansi** (16. Jahrhundert), zur **Villa Torrigiani** (1600) und zur **Villa Garzoni** (17. Jahrhundert). Die Villa Garzoni blickt hinunter auf Collodi mit seinem kleinen Freizeitpark ganz im Zeichen von Pinocchio.

MONTECATINI TERME Nach Montecatini kommt man wegen der Gesundheit und der Schönheit. Außerdem hat der Kurort neben eleganten Geschäften und Galerien so manches architektonische Kleinod aus der Belle Époque zu bieten. Die traditionsreichsten Kurhäuser – zum Beispiel die Terme Excelsior und die neobarocke Terme Tettuccio – findet man an der Viale Verdi.

MONTECATINI ALTO Zwischen Montecatini Terme und dem alten Ortsteil Montecatini Alto, der auf einem Berg über der Stadt thront, fährt eine Standseilbahn durch Olivenhaine. Der mittelalterlich geprägte Ort gruppiert sich um die Piazza Giuseppe Giusti, wo man köstlich speisen oder einen caffè genießen kann.

PISTOIA Die Stadt (90 000 Einw.) besitzt ein hübsches altes Zentrum mit einem sehenswerten Dom und viel Charme.
SEHENSWERT Am Domplatz sind die Hauptsehenswürdigkeiten versammelt: die romanische **Kathedrale San Zeno** mit einem Majolika-Kassettengewölbe von Andrea della Robbia im Portikus, der **Kampanile** und das **Baptisterium**. Nicht versäumen: die Pisano-Kanzel in Sant'Andrea und den Majolika-Fries am **Ospedale del Ceppo** aus der Werkstatt der della Robbia. In der Gasse zwischen Domplatz und Piazza della Sala gibt es noch die **mittelalterlichen Ladenwerkstätten**. Mittwochs und samstags Markt auf der Piazza.

VIAREGGIO Der größte und traditionsreichste Badeort der Versilia. Die breite Strandpromenade ist von Palmen, prächtigen Jugendstilhotels und Grand Cafés gesäumt.
SEHENSWERT Wenigstens auf einen Aperitif sollte man den prachtvollen Foyers der **Hotels Principe di Piemonte** oder **Royal** einen Besuch abstatten. Viareggios prominentester Jugendstilbau ist das **Grand Café Margherita** mit seinen unübersehbaren grünen Kuppeln. In den Lagerhäusern an der Via Marco Polo können die Karnevalsfiguren in der **Cittadella del Carnevale** bewundert werden.

VON PISA BIS ELBA

CASTIGLIONCELLO Castiglioncello ist ein verträumter Küstenort mit kleinen Geschäften und Cafés in einer wunderschönen Bucht. Unvergleichlich schön sind der hier beginnende Pinienwald hinter den Dünen und die romantischen Orte im Hinterland.

ELBA Die größte toskanische Insel ist ein Ferienparadies dank exzellenter Badestrände und abwechslungsreicher Natur. Der Name der Insel geht auf die Etrusker zurück. Sie nannten sie Ilva (Eisen), für die Griechen war es die Rußinsel *(aethalia)*. Auf Elba werden seit mindestens 1000 v. Chr. Mineralien abgebaut. Auch heute gibt es noch Tagebau rund um Rio Marina, wo Edelsteinschleifereien ihren Sitz haben und Schmuck hergestellt wird. In Portoferraio, der größten Stadt auf Elba, wird der Besucher oft an Napoleon erinnert, der auf der Insel knapp ein Jahr in der Verbannung lebte.
PORTOFERRAIO Bei der Ankunft mit der Fähre in dem Städtchen (12 000 Einw.) erblickt man die mächtige Befestigungsanlage, ein Paradebeispiel für die Militärarchitektur der Medici. In der hübschen Altstadt befindet sich die **Chiesa della Misericordia**, wo eine Totenmaske Napoleons aufbewahrt und alljährlich am 5. Mai die Totenmesse für ihn gelesen wird. Seine Stadtresidenz, die **Villa dei Mulini,** zeigt die Bibliothek und das prächtige Bett Napoleons. Von der Piazza Napoleone vor der Villa dei Mulini hat man die beste Aussicht zum Forte Falco und auf **Forte Stella**, das der Garde Napoleons als Domizil diente, sowie zum Leuchtturm (1788). Amphoren aus gesunkenen Wracks sind im **Museo Archeologico** zu sehen.
WEITERE ORTE AUF ELBA In **Le0Grotte** sind die Ruinen einer römischen Villa zu besichtigen. Die **Sommerresidenz Napoleons** liegt am Monte San Martino (Villa San Martino). Am Hang des Berges residierte der russische Fürst Anatoli Demidoff, der hier eine Villa im neoklassizistischen Stil errichtete (**Villa Demidoff**). Die mittelalterliche Felsenburg **Volterraio** thront östlich von Portoferraio auf einem Hügel. In **Rio Marina** lockt das Mineralienmuseum (Via Magenta). Das zweitgrößte Hafenstädtchen Elbas ist **Porto Azzurro**. Von hier aus lassen sich Ausflüge auf nahe gelegene Inseln unternehmen. Hauptanziehungspunkt an der Südküste ist **Marina di Campo**, das Badeziel schlechthin auf Elba. Eine geologische Rarität bei **Seccheto**: Hier kann man in natürlichen Schwimmbecken aus Granit baden.

LIVORNO Im südlich von Pisa gelegenen Livorno (180 000 Einw.) legen die Fähren nach Korsika, Elba, Sizilien und nach Nordafrika ab.
SEHENSWERT Im Zentrum dominieren breite Straßenzüge und pompöse Gebäude, oft mit Marmor verkleidet. Mittelpunkt ist der Domplatz sowie die Einkaufsstraßen Via Cairoli und Via Grande. Zwischen den Befestigungsanlagen betritt man den alten Stadtteil Venezia mit seinen Kneipen und Fischständen. Die Stadt besitzt eine bedeutende Sammlung der Künstlergruppe »Macchiaioli« um den Maler Giovanni Fattori (1825–1908) und Amadeo Modigliani (1884–1920), den berühmten Sohn der Stadt: **Museo Civico**, Via S. Jacopo in Aquaviva.

PISA Die einst mächtige Seerepublik besitzt eine sehenswerte Altstadt und verfügt über gute Einkaufs- und Ausgehmöglichkeiten. Pisa (100 000 Einw.), im 6. Jahrhundert v. Chr. von den Griechen gegründet, stieg ab 1063 zu einer der mächtigsten Handelsstädte am Mittelmeer auf. 1284 endete der Höhenflug mit einer Niederlage gegen die Genueser, 1406 wurde die Stadt von Florenz eingenommen.
DOMBEZIRK UND SCHIEFER TURM Die **Piazza dei Miracoli** ist ein Gesamtkunstwerk. Stilbildend für die Kirchen der Toskana wirkte der marmorgestreifte **Duomo Santa Maria** (11.–14. Jahrhundert). Herausragend ist die Kanzel von Giovanni Pisano (1302–1311). Das **Baptisterium** (1153 begonnen), eine der größten Taufkirchen der Christenheit, vereint Romanik und Gotik. Das Taufbecken stammt von Guido Begarelli (1246), die Kanzel von Nicola Pisano (1260) gilt als Hauptwerk der romanischen Bildhauerei in Italien. Der 1173 begonnene Kampanile, bekannt als der **Schiefe Turm**, ist wegen seiner starken Neigung weltberühmt. Von der Domfassade übernahmen die Baumeister des 57 m hohen Glockenturms die Säulenarkaden, die wie eine zweite Haut vor die Wand gelegt sind. Zum Platz der Wunder gehören der **Camposanto** (Friedhof; ab 1278), dessen Freskenschmuck bei einem Bombenangriff 1944 großenteils zerstört wurde, und das **Museo delle Sinopie**, wo die Vorzeichnungen für die Fresken im Camposanto gezeigt werden. Im **Museo dell'Opera del Duomo** werden auch Gemälde, Wandteppiche und Kruzifixe aus dem Dom aufbewahrt.
ALTSTADT Die **Piazza dei Cavalieri** ist von herrlichen Renaissancebauten umstanden: dem mit Sgraffiti geschmückten **Palazzo dei Cavalieri** (1562, davor das Standbild Cosimos I. von 1596), dem **Palazzo dell'Orologio** (1607) und der 1569 von Giorgio Vasari erbauten Kirche **Santo Stefano dei Cavalieri**. Durch die Via S. Frediano Curtatone, die auch die hübsche **Piazza Dante** streift, geht es zum Arnoufer (Lungarno), wo sich stolze Patrizierpaläste reihen. In einem ist das **Museo Nazionale di Palazzo Reale** untergebracht (Gemälde). Das **Museo Nazionale di San Matteo** hat eine der bedeutendsten Kunstsammlungen der Toskana. Zu seinen Schätzen gehört ein 43-teiliger Altar von Simone Martini (1320; Piazza San Matteo). Das **Museo delle Nave Antiche** liegt am Arnoufer, wo man 1998 die Reste eines etruskischen Hafens entdeckte (www.cantierenavipisa.it).

FLORENZ UND UMGEBUNG

FIESOLE Oberhalb von Florenz in landschaftlicher Idylle gelegenes ehemaliges Etruskerstädtchen (15 000 Einw.). Allein die Ausblicke auf Florenz lohnen die Fahrt hierher! Nach der kurvenreichen Anfahrt gelangt man unweigerlich auf die **Piazza Mino** mit dem **Duomo San Romolo** (11.–14. Jahrhundert) und dem alles überragenden Glockenturm. Nördlich schließt sich die **Archäologische Zone** an mit einem römischen Theater (1. Jahrhundert v. Chr.), dessen Halbrund 3000 Zuschauer fasst und im Sommer für Konzerte genutzt wird. Im kleinen **Museo Archeologico** wurden Fundstücke aus römischer und etruskischer Zeit zusammengetragen. (www.comune.fiesole.fi.it)

FLORENZ Die Stadt am Arno ist das touristische Highlight der Toskana, in dem sich Renaissance und Humanismus geradezu mit Händen greifen lassen. Ab 1434 bestimmte die reiche Kaufmannsfamilie der Medici die Politik. Unter ihr entwickelte sich Florenz zum Zentrum für Kunst und Wissenschaft. Heute ist Florenz die Hauptstadt der Region Toskana. Neben Handel, Bankenwesen und Wissenschaft ist der Tourismus die wichtigste Säule der städtischen Wirtschaft. Von den 370 000 Einwohnern sind etwa 50 000 Studenten.

RUNDGANG Der Rundgang beginnt am Bahnhof. Gegenüber liegt die große Dominikanerkirche **Santa Maria Novella** (s. u.). Auf dem Platz davor spielten die Mönche früher Fußball. Auf der Via dei Banchi geht es in östlicher Richtung zum **Duomo Santa Maria del Fiore** (s. u.) und dem **Baptisterium San Giovanni** (s. u.). Von der Nordseite des Doms sind es nur wenige Schritte zur Kirche **San Lorenzo** (S. 149), der Grabeskirche der Medici. Richtung Arno führt die elegante **Via Tornabuoni**, der man bis zum **Palazzo Strozzi** (1451) folgt. Weiter westlich wartet die **Piazza della Repubblica** mit Freiluftcafés und Restaurants. Ein Muss ist der

KOLONNADEN IN FLORENZ

Bummel über die **Piazza della Signoria**. Zu Zeiten der Medici das politische Zentrum der Stadt, ist sie heute Treffpunkt für Touristen aus aller Welt. Beherrscht wird der Platz vom **Palazzo Vecchio** (1314) mit seinem 94 m hohen Turm. An dessen Eingang steht eine Kopie des berühmten **David von Michelangelo**. Seitlich beherbergt die **Loggia dei Lanzi** die Bronzestatue »Perseus mit dem Haupt der Medusa« von Benvenuto Cellini. Benannt ist das Gebäude nach den Landsknechten, die hier Wache schoben. Ein beliebter Treffpunkt ist der **Neptunbrunnen** von Ammanati (1576). An der **Galleria degli Uffizi** (S. 149) vorbei kommt man zum altehrwürdigen **Ponte Vecchio**. Die älteste Arnobrücke mit vielen Juwelier-, Schmuck- und Seidenwarengeschäften ist die Verbindung zum **Palazzo Pitti** (S. 149), bereits 1565 ließ sich Großherzog Cosimo I. im Obergeschoss der Brücke einen Gang bauen. Hinter dem großzügigen Palazzo Pitti erstreckt sich auf 45 000 m² der **Giardino di Boboli**, Florenz' größte Parkanlage. Einer der Brunnen im Park zeigt den Hofzwerg Cosimos I., der auf einer Schildkröte reitet. Ein Amphitheater für Hoffeste birgt ägyptische Obelisken und römische Granitbecken. Über das Arnoufer mit

seinen Stadtpalais geht es durch die Via dei Fossi zurück zum Bahnhof.

DUOMO SANTA MARIA DEL FIORE Die besten Baumeister der Zeit waren am Bau des 1294 begonnenen Doms beteiligt – u. a. Arnolfo di Cambio und Brunelleschi, der Konstrukteur der gewaltigen Kuppel. 1436 wurde das drittgrößte Gotteshaus Italiens geweiht, die Fassade erst im 19. Jahrhundert vollendet. Die achteckige, zweischalige Kuppel (1434) war mit ihrem Durchmesser von 45 m eine wegweisende Ingenieursleistung. Sie sitzt auf einem Tambour und überragt so die umgebenden Häuser um ein Vielfaches. Stufen führen in der Kuppelwand hinauf zur Laterne. Der grandiose Blick entschädigt für den Aufstieg.

BAPTISTERIUM SAN GIOVANNI Mindestens so berühmt wie der Dom ist das Baptisterium – wegen seiner **Bronzeportale**. Das älteste von Andrea Pisano (1330–1336) zeigt 28 Reliefs mit Szenen aus dem Leben von Johannes dem Täufer. Lorenzo Ghiberti schuf die berühmte Paradiespforte (1425–1452). Die Originale sind im Dom-Museum ausgestellt.

SANTA MARIA NOVELLA Die Dominikanerkirche birgt innen über dem Portal das Fresko »Geburt Christi«, möglicherweise ein Frühwerk Botticellis, und in der ältesten Rosette von Florenz die »Krönung Mariens«. Am dritten Altar hängt das »Dreifaltigkeitsfresko« von **Masaccio** (1427), das erste zentralperspektivische Gemälde überhaupt. Die Hauptchorkapelle schmücken Fresken von **Ghirlandaio** mit Szenen aus dem Leben Johannes des Täufers und der Maria.

ORSANMICHELE Der palastartige Kirchenbau (1337–1350) in der Via dell'Arte della Lana diente als Getreidespeicher und Oratorium. Die Nischen an der Fassade schmücken Bronzestatuen von Ghiberti (Johannes der Täufer), Verrocchio (Christus und der ungläubige Thomas) und Donatello (Apostel Petrus).

SANTA CROCE Die größte Franziskanerkirche der Welt birgt bekannte Grabmale, u.a. von Michelangelo, Galilei, Machiavelli, Ghiberti, Cherubini, Rossini. Die Hauptchorkapelle ist mit Fresken von Gaddi (1380) geschmückt. Im Museum nebenan hängt das Kruzifix von Cimabue (um 1272), das bei der großen Hochwasserkatastrophe 1966 stark beschädigt wurde.

SAN LORENZO Die Grabeskirche der Medici wirkt mit ihrer unvollendeten Fassade aus Backsteinen wie ein modernes Kunstwerk im öffentlichen Raum. Von Brunelleschi stammt die Alte Sakristei (1428), Papst Leo X. beauftragte Michelangelo mit dem Bau der Neuen Sakristei mit den Grabmälern für Lorenzo II Magnifico und seinen Bruder Giuliano.

SAN MINIATO AL MONTE Eine der eindrucksvollsten Kirchen von Florenz, wahrscheinlich 1018 als Klosterkirche begonnen. Der vergoldete Adler auf dem Dachfirst, der ein Wollbündel hält, ist das Wappentier der Tuchhändler, den Finanziers dieses Kleinods. Das Mosaik »Christus zwischen Maria und San Miniato« (zweite Hälfte des 13. Jahrhunderts) zeigt byzantinischen Einfluss.

GALLERIA DELL'ACCADEMIA Der »Gral« der florentinischen Kunst: Hier sind das Original des David von Michelangelo und seine für das Grab Papst Julius' II. gedachten Gefangenen (prigioni) zu besichtigen (Via Ricasoli 60).

PALAZZO VECCHIO Zu besichtigen sind im Rathaus von Florenz die Prunkräume des Alten Palastes über drei Stockwerke sowie die Waffenkammer und die schönen Innenhöfe (Piazza della Signoria).

GALLERIA DEGLI UFFIZI Die Amtsstuben der Medici sind heute eines der weltweit bedeutendsten Museen. Meilensteine der Kunstgeschichte sind hier vereint, so die »Thronende Madonna« (um 1275) von Cimabue, die »Maestà« (um 1310) von Giotto und »Anna Selbdritt« von Masaccio (um 1420), Botticellis »Frühling« (1485–1487) und die »Venus von Urbino« (1538) von Tizian.

PALAZZO PITTI Hier wohnten die Medici. Die meisten Besucher streben schnurstracks auf die Boboligärten zu. Dabei lockt auch das Innere, vor allem die hochkarätige Gemäldesammlung der Galleria Palatina in den Wohnräumen der Großherzöge.

MUSEO NAZIONALE DEL BARGELLO Der gotische Palast von 1255 beherbergt bedeutende Renaissanceskulpturen u. a. von Giambologna, Donatello und Michelangelo.

MUSEO MARINO MARINI Das erste Museum moderner Kunst in Florenz befindet sich in der ehemaligen Kirche San Pancrazio. 176 Werke des 1980 verstorbenen toskanischen Bildhauers Marino Marini.

PIAZZALE MICHELANGELO Dass Florenz wunderschön liegt, wird am besten deutlich, wenn man von diesem erhöhten Platz über dem Arnoufer auf die Stadt hinabblickt. Göttlich zum Sonnenuntergang!

LA VERNA In La Verna soll der heilige Franziskus 1224 in einer Felsgrotte die Wundmale Christi erhalten haben. Das abgeschieden am Hang des Monte Penna gelegene Kloster entwickelte sich schnell zum viel besuchten Wallfahrtsort. Besonders groß ist der Andrang am 14. September, dem Tag der Stigmatisierung, und am 3. Oktober, dem Todestag des Heiligen. Vom zentralen Hof des Klosterkomplexes mit der **Chiesa Maggiore**, für die Andrea della Robbia die Terrakotten schuf, führt ein überdachter Gang zur **Chiesa delle Stimmate**. Auch die Höhle, in der Franziskus seine Schlafstatt einrichtete, kann man besichtigen.

PRATO Prato war schon immer eine Stadt, in der Stoffe hergestellt wurden, heute ist die drittgrößte Stadt der Toskana (18 000 Einw.) ein Zentrum für Mode und moderne Kunst.

Zudem besitzt die Industriemetropole ein sehenswertes historisches Zentrum.

SEHENSWERT Einzigartig in der Toskana ist die trutzige Stauferfestung **Castello dell'Imperatore** (1248), die sich Kaiser Friedrich II. als Verteidigungsburg bauen ließ. Im mittelalterlichen **Palazzo Pretorio** sind die Werke von Fra Filippo Lippi ausgestellt, dem berühmten Sohn der Stadt, der durch die Verbindung zur schönen Nonne Lucrezia nicht nur als Maler Aufsehen erregte. Das Hauptwerk Filippo Lippis findet man im **Dom Santo Stefano** (14./15. Jahrhundert), wo er die Hauptchorkapelle mit einem einzigartigen Freskenzyklus ausmalte. Der zeitgenössischen Kunst von Malerei über Videokunst bis zu Design, von Lucio Fontana bis zu Mario Merz, ist das **Museo Luigi Pecci** am südöstlichen Ortsrand gewidmet. Das futuristische Museumsgebäude wurde eigens für die Sammlung gebaut (www.centropecci.it).

POPPI Das gut erhaltene 6000-Seelen-Städtchen liegt mitten im Bergland des Casentino. Auf einer alten Steinbrücke überquert man den Arno, bevor es steil den Berg zur Stadt hinaufgeht. Die Bogengänge, *portici*, der ehemaligen Familienpaläste säumen die schnurgerade Hauptstraße **Via Cavour**, die auf die weite **Piazza Amerighi** mit der barocken Zentralkirche **Madonna del Morbo** mündet. In der Kirche **San Fedele** sind sechs wertvolle Renaissancealtäre zu bestaunen. Über der Stadt thront das mittelalterliche **Castello dei Conti Guidi** mit einer bedeutenden Bibliothek. Schon allein der Aussicht wegen lohnend!

VINCI In **Vinci**, einem kleinen Ort ungefähr 25 km südwestlich von Prato, dreht sich alles um Leonardo da Vinci. Interssanter als das Geburtshaus im benachbarten **Anchiano** sind die beiden Museen in und unterhalb der Burg mit maßstabsgetreuen Modellen des Genies.

SIENA UND DAS CHIANTI

CHIANTI Das ursprüngliche Chianti-Gebiet umfasste nach einem Erlass Cosimos III. von 1716 die Ländereien von Radda, Gaiole und Castellina, heute erstreckt sich das legendäre Weinanbaugebiet von Pisa bis Montepulciano und ist in Untergebiete gliedert. Neben den vielen Weingütern erwarten den Besucher eine herrliche Landschaft, hübsche Weindörfer, Burgen und Kirchen.

GREVE IN CHIANTI Treffpunkt in der kleinen Weinmetropole ist die dreieckige **Piazza Matteotti**. Unter den schönen Arkaden laden Geschäfte, Restaurants und Enoteche zum Stöbern und Genießen ein. Günstig einkaufen kann man auf dem Wochenmarkt, und der ist ein Erlebnis. In der **Antica Macelleria Falorni** (ebenfalls am Hauptplatz) findet man die köstlichsten Fenchelsalami und Wildschweinschinken. Unbedingt zu empfehlen ist ein Ausflug nach **Montefioralle** (2 km westlich). Der Ausblick von dem reizenden Kastell-Dorf ist traumhaft!

RADDA IN CHIANTI Hübsches altes Städtchen auf der Spitze eines Hügels mit einer gut erhaltenen **Stadtmauer**. Durch das Zentrum führt die Via Roma zum **Palazzo del Podestà** (15. Jahrhundert) und zur Pfarrkirche San Nicolò.

MONTEFIORALLE, CHIANTI

BADIA A COLTIBUONO Von der 1049 geweihten Benediktinerabtei, knapp 10 km östlich von Radda, hat man eine herrliche Aussicht über das Arnotal. Die romanische **Klosterkirche** kann besichtigt werden, eine Osteria sorgt für Speis und Trank.

CASTELLO DI BROLIO Der »Erfinder« des Chianti-Weins, Bettino Ricasoli, ließ die Burg um 1860 zum neugotischen Schloss umbauen. Frei zugänglich ist der weitläufige Park, bei geführten Touren auch Schloss und Kellerei mit Weinverkostung (www. ricasoli.it).

COLLE DI VAL D'ELSA
Die historische Oberstadt von Colle di Val d'Elsa (19 500 Einw.) ruht idyllisch auf einem Tuffsteinfelsen, abseits der großen Touristenströme. Wer sich hinaufwagt, entdeckt ein charmantes Städtchen. In der modernen Unterstadt ist die Kristallglasproduktion zu Hause, das Angebot an Vasen und Glaswaren ist entsprechend groß.
SEHENSWERT Die Oberstadt besteht aus zwei Teilen, dem Borgo mit vornehmen Renaissancepalazzi (hier sitzt auch der Pro Loco) und dem durch eine Brücke verbundenen Ortsteil Castello mit mittelalterlichem Flair. Im Dom (1603) sind Werke von Giambologna zu bestaunen.

SAN GIMIGNANO
Das mittelalterliche Städtchen (7000 Einw.) genießt dank der weithin sichtbaren Geschlechtertürme Kultstatus.
SEHENSWERT San Gimignano, auf einem Hügel über dem Elsatal gelegen, bietet herrliche Panoramablicke, so vom Garten der Fattoria Tollena in der Via San Giovanni 69 oder von der Ruine der alten Rocca. Die Ortsmitte bildet die stimmungsvolle **Piazza della Cisterna** mit dem Travertinbrunnen von 1273. Die romanische **Collegiata Santa Maria Assunta** ist vor allem wegen der Fresken sehenswert, die das Martyrium des heiligen Sebastian erzählen.

WEINGUT BEI RADDA, CHIANTI

SIENA Mit ihrem mittelalterlichen Stadtbild ist Siena für viele die schönste Stadt der Toskana. Sie erstreckt sich auf drei Hügelrücken und teilt sich in drei Stadtviertel, die sogenannten Terzi. Im Mittelalter kam die Stadt durch Handel, Silberminen und Bankgeschäfte zu Reichtum. Die Blütezeit wurde durch die Pest 1348 jäh beendet. 1559 war es mit der Freiheit vorbei: Siena musste sich Florenz anschließen.
SEHENSWERT Die meisten Besucher zieht es zunächst zur **Piazza del Campo** (13./14. Jahrhundert), dem muschelförmigen, von alten Palazzi umgebenen Hauptplatz von Siena mit dem Gaia-Brunnen (1419). Die Südostseite des abschüssigen Platzes nimmt der **Palazzo Pubblico** (1284–1310) ein mit Drillingsfenstern, Zinnenbekrönung und einem 102 m hohen Turm, der **Torre del Mangia**. Die Innenräume sind mit weltberühmten Fresken ausgemalt, u. a. »Das gute und das schlechte Regiment« von Ambrogio Lorenzetti (1340), (www.comune.siena.it/museocivico). Durch die Via di Città mit der **Loggia della Mercanzia** (1428) und dem **Palazzo Chigi-Saracini** (1320) geht es zum gotischen **Dom Santa Maria Assunta** an der höchsten Stelle der Stadt. Hinter der strahlenden Fassade mit drei von

Giebeln bekrönten Portalen verbirgt sich ein Raum mit dunkelgrün-weißen Marmorstreifen und einem kostbaren Marmorfußboden, an dem viele Künstler gearbeitet hatten. Meisterwerke: der Piccolomini-Altar im nördlichen Seitenschiff (1485), die Piccolomini-Bibliothek mit Fresken von Pinturricchio (1502–1509), die Kanzel von Nicola Pisano (1268) und das Taufbecken im Baptisterium mit Bronzereliefs u. a. von Donatello. Das **Museo dell'Opera Metropolitana** mit Werken von Pietro Lorenzetti, Donatello, Beccafumi und Pisano ist im Seitenschiff des unvollendet gebliebenen Domneubauprojekts untergebracht. Im Süden der Stadt befindet sich die **Pinacoteca Nazionale** (Via San Pietro 29) mit hochkarätigen Werken der Sieneser Malerei und die Kirche Sant'Agostino mit einer »Kreuzigung« von Perugino (1506). Durch schmale und zum Teil überwölbte Gassen geht es vom Dom in die nördliche Altstadt, zur Bettelordenskirche **San Domenico** (13. Jahrhundert). Im Nordwesten der Altstadt befindet sich bei der Kirche **San Francesco** (14./15. Jahrhundert) das Oratorio di San Bernardino mit sehenswerten Fresken (16. Jahrhundert). Den Weg zurück zur Piazza del Campo nimmt man am besten durch die **Via Banchi di sopra**, eine der Haupteinkaufsstraßen von Siena, wo sich im Haus Nr. 24 das **Café Nannini** befindet.

UMGEBUNG VON SIENA
Malerisch dominiert **Monteriggioni**, eine ehemalige Militärfestung Sienas, einen Hügel über dem Elsatal. Im 1203 gegen die Florentiner errichteten Mauerring mit 14 Türmen gibt es Restaurants und Cafés für die Ausflügler. Eine Kirche ohne Dach – die gewaltige Kirchenruine des Zisterzienserklosters **San Galgano** (35 km südwestlich von Siena) beeindruckt auch heute noch durch ihre enormen Ausmaße und die Schönheit ihrer gotischen Architektur.

PIAZZA DEL CAMPO, SIENA

VOLTERRA
Volterra gehörte zum Bund der zwölf wichtigsten Städte. Der 7 km lange antike Festungswall umgab bis ins Mittelalter auch die Felder der reichen Stadt, deren Besiedlung bis die Jungsteinzeit zurückreicht. Im 16. Jahrhundert wurde die Verarbeitung von Alabaster wieder aufgenommen – und blieb bis heute ein Haupterwerbszweig.

SEHENSWERT
Das geschickt in den Hang gebaute römische **Amphitheater** liegt in der Nähe der Porta Fiorentina außerhalb der Mauern. Durch die belebte **Via Guarnacci** geht es hinauf ins Herz von Volterra, zur Piazza dei Priori. Hier stehen das älteste Rathaus der Toskana, der festungsartige **Palazzo dei Priori** (1254), der **Palazzo del Pretorio** ihm gegenüber und der **Bischofspalast**. Die dreischiffige Basilika des **Doms Santa Maria Assunta**, 1120 geweiht, wurde um 1254 im Stil der Pisaner Romanik erweitert. Das einzige erhaltene etruskische Stadttor, der **Arco Etrusco**, (4./3. Jahrhundert v. Chr.) wurde von den Römern im 1. Jahrhundert n. Chr. »erneuert«. Über 600 etruskische und römische Urnen bilden die wertvolle Sammlung des **Museo Etrusco Guarnacci** (Via Minzoni 15).

DER SÜDOSTEN

AREZZO Eine erstaunliche Ruhe herrscht in der Altstadt, obwohl Arezzo 95 000 Einwohner hat. Die moderne Stadt wurde rund um den 300 m hohen Hügel herum gebaut, auf dem schon Etrusker gesiedelt hatten. Arezzo historisches Zentrum, das zu den schönsten der Toskana zählt, ist von einer von den Medici erbauten Stadtmauer umschlossen, die heute noch fast vollständig erhalten ist.

SEHENSWERT San Francesco ist eine schlichte Bettelordenskirche aus dem 13. Jahrhundert. Weltberühmt ist ihr **Freskenzyklus** von Piero della Francesca in der Hauptchorkapelle. Thema dieses herausragenden Renaissancewerks ist die Legende vom wahren Kreuz. Besonders poetisch wirkt die Szene mit dem Traum des römischen Kaisers Konstantin vor der Entscheidungsschlacht im Jahr 312, eine der ersten Nachtszenen in der europäischen Kunst (www.pierodellafrancesca.it). Schräg gegenüber der Kirche lädt das traditionsreiche **Café dei Constanti** zu einer Pause ein. Weiter oben am Hang, am Corso d'Italia, überragt der Kampanile mit einer Fünferreihe von Zwillingsfenstern die romanische Kirche **Santa Maria delle Pieve** (12. Jahrhundert). Der Chor von Santa Maria delle Pieve ist der Piazza Grande zugewandt, dem wunderschönen, leicht schrägen Hauptplatz von Arezzo. Sehenswert in der einstigen Dominikanerkirche **San Domenico** ist das berühmte, 1260/1270 entstandene Kruzifix von **Cimabue**.

BUONCONVENTO Mitten in den Crete Senesi liegt Buonconvento, ein romantisches Backsteinstädtchen, umgeben von einer Stadtmauer aus dem 14. Jahrhundert mit imposanten Holztoren. Hier scheint die Zeit still zu stehen. Nur wenige Besucher verschlägt es an diesen Ort, wo am 24. August 1313 Heinrich VII. gestorben ist, nachdem er in Rom zum Kaiser gekrönt worden war.

UMGEBUNG VON BUONCONVENTO Die SS 451 führt direkt von Buonconvento zu der 9 km südwestlich gelegenen romanischen Klosteranlage **Abbazia di Monte Oliveto Maggiore**. Zur Abtei gehört ein berühmter Kreuzgang, der 1498 von Lucca Signorelli und 1505–1508 von Sodoma ausgemalt wurde. Die 36 Fresken zeigen Szenen aus dem Leben des Ordensgründers Benedikt von Nursia (www. monteolivetomaggiore.it).

CORTONA Auf der Hügelkette an der Ostseite des Val di Chiana liegt am steilen Hang Cortona (22 500 Einw.), eines der hübschsten und meistbesuchten toskanischen Städtchen. Der Heimatort des Renaissancemalers **Luca Signorelli** gehörte schon zum Zwölfstädtebund der Etrusker.

SEHENSWERT Auch heute noch umschließt der Mauerring die Stadt. Von der **Porta S. Agostino** (großer Parkplatz) geht es steil hinauf zur zentralen **Piazza della Repubblica** mit dem **Palazzo Comunale** (1241), zu erkennen an der breiten Freitreppe (16. Jahrhundert) und dem Uhrturm. Etwas weiter oben am Hang liegt die **Piazza Signorelli**. Das dortige **Etruskische Museum** zählt ein paar seltene Alltagsgegenstände aus vorchristlicher Zeit zu seinen Schätzen. Der **Dom Santa Maria** ist ein Werk von Giuliano da Sangallo (1445–1516). Gegenüber liegt die **Chiesa del Gesù** (1498–1505) mit dem Diözesanmuseum, zu dessen Hauptwerken die farbenfrohe »Verkündigung« von **Fra Angelico** gehört. Zahlreiche Bars, Cafés und Läden liegen an der **Via Nazionale**.

MONTALCINO Über gewundene Landstraßen, die stetig leicht ansteigen, gelangt man in das 40 km südlich von Siena gelegene Städtchen. Schon von Ferne sieht man die roten Dächer von Montalcino, das sich auf einem Hügelgrat ausbreitet. Der 5000 Einwohner

ABENDLICHER CORSO IN AREZZO

zählende Ort wurde wegen seines exzellenten Weins weltberühmt.

SEHENSWERT Die mächtige **Fortezza** aus dem 14. Jahrhundert diente von 1555 bis 1559 als letzter Zufluchtsort von 600 Sienesen, die aus ihrer von Kaiser Karl V. belagerten Heimatstadt geflohen waren. Bilder aus der Sieneser Schule, u. a. Werke von Simone Martini oder Giovanni di Paolo, sind im **Museo Civico e Diocesano** zusammen mit anderen sakralen Kunstwerken zu einer sehenswerten, schön präsentierten Sammlung vereint (Via Ricasoli 3). Mittelpunkt des Städtchens und historischer Versammlungsort der Bürgerschaft ist die **Piazza del Popolo**, die vom Turm des Palazzo Comunale überragt wird.

UMGEBUNG VON MONTALCINO Die **Abbazia di Sant'Antimo** mit Mauern aus Travertin geht wohl auf die Gründung von Karl dem Großen zurück. Die Kirche des einstigen Benediktinersitzes (9. Jahrhundert), 10 km von Montalcino entfernt, wurde nach ihrer Zerstörung im 12. Jahrhundert im französisch beeinflussten Stil der Zisterzienser wieder aufgebaut. Im Hochmittelalter war Sant'Antimo eines der reichsten Klöster in der Toskana.

Fabeltiere und Löwen schmücken Portale und Säulenkapitelle des dreischiffigen Kircheninnenraums (www.antimo.it).

MONTE AMIATA Der Monte Amiata, höchster Berg in der Südtoskana (1783 m), ist ein ehemaliger Vulkan. Eichen- und Buchenwälder bedecken seine Hänge, die sich hervorragend zum Wandern eignen. Bestes Standquartier ist das Bergdorf **Arcidosso**. In Zancona lockt der **Parco Faunistico** mit Mufflons, Damwild und Wölfen. Die **Abbadia di San Salvatore** an der Ostflanke des Bergs wird seit 1228 von Zisterziensern bewohnt, aber bereits Karl der Große soll dort gerastet haben. Bauhistorisch spektakulär ist die Krypta aus vorromanischer Zeit.

MONTEPULCIANO Der zwischen dem Val di Chiana und dem Val d'Orcia auf einem Hügel gelegene Ort (14 000 Einw.) ist Wein- und Musikkennern ein Begriff: Seit 1976 wird hier das von Hans Werner Henze ins Leben gerufene Musikfestival ausgetragen. Und natürlich auch Kunstliebhabern, die in den steilen Gassen schön renovierte Häuserensembles und Renaissancepaläste vorfinden.
SEHENSWERT Vor dem nördlichen Stadttor, der Porta al Prato (14. Jahrhundert), liegt die Kirche der heiligen Dominikaneräbtissin Agnese Segni, **Sant'Agnese** (1268–1317). Vorbei an der Piazza Savonarola mit der Barockkirche **San Bernardo** geht es hinauf durch den lang gezogenen Corso. Der **Palazzo Avignonesi** mit Spätrenaissancefassade und weitere Palazzi mit Wappenschmuck säumen die steile Straße. Auf die **Piazza Grande**, den höchsten Punkt der Stadt, gelangt man durch die Porta delle Farine im Südosten. Dominant wirkt der **Palazzo Comunale** (1465), bescheiden der frühbarocke Dom mit seiner unvollendeten Fassade. Im **Palazzo Contucci** (1519) resi-

diert nach wie vor eine der reichsten Familien des Weinanbaus. Daneben steht der im Stil von Sangallo errichtete **Palazzo Nobili Tarugi** (1520) und ein Brunnen mit zwei Greifen, Löwen und dem Medici-Wappen.

UMGEBUNG VON MONTEPULCIANO 2 km außerhalb der Stadtmauer geht es durch eine Zypressenallee zur Renaissancekirche **Madonna di San Biagio**, deren Zentralbau 1518 von Antonio da Sangallo begonnen wurde. 20 km nördlich, auf einer Hügelkuppe am Westrand der Val di Chiana, sitzt **Lucignano**, einer der schönsten mittelalterlichen Orte in der Toskana mit engen, kopfsteingepflasterten Gassen. Auf bezaubernder Strecke erreicht man 6 km südlich von Montepulciano den für seine schwefel- und jodhaltigen Quellen bekannten Thermalort **Chianciano Terme**. Im Kurpark Parco di Fucoli gibt es eine Rollschuhbahn, Boccia und Tennisplätze, im Parco Acqua Santa mit Kurhaus flanieren die Gäste. Die kleine Stadt **Chiusi** an der Grenze zu Umbrien war zu Zeiten der Etrusker einer der mächtigsten Stadtstaaten der Toskana. Der gesamte Ort ist in seiner Blütezeit unterhöhlt worden. Vom Dommuseum aus ist einer der unterirdischen Gänge aus dem 1. Jahrhundert v. Chr. zu besichtigen. Das sehenswerte Archäologische Museum birgt etruskische, römische und griechische Kostbarkeiten. In **Cetona**, 6 km südlich von Chiusi, wandelt man ebenfalls auf den Pfaden der Frühgeschichte, entweder im Prähistorischen Museum (im Rathaus) oder im Archäologischen Naturpark.

PIENZA Eine Idealstadt der Renaissance sollte Pienza werden – so wollte es Enea Silvio Piccolomini, der spätere Papst Pius II. Im Jahr 1459 ging er daran, seinen Geburtsort mit repräsentativen Gebäuden zu bestücken, ihn zum Bischofssitz zu erheben und

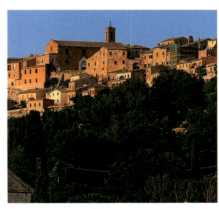

MONTEPULCIANO

ihn schließlich nach seinem Papstnamen umzutaufen. Obwohl Pius vor der Vollendung seiner Pläne starb, wurde Pienza ein kleines Gesamtkunstwerk.
SEHENSWERT Der florentinische Baumeister Bernardo Rossellino schuf Straßen, Renaissancepaläste, Plätze und Brunnen. Das Zentrum bildet der trapezförmige Domplatz, die **Piazza Pio II.**, mit dem **Duomo Santa Maria Assunta** (1459 bis 1462), einer dreischiffigen Hallenkirche, die es in Italien nur selten gibt. Dem Dom gegenüber steht der **Palazzo Comunale** mit einer Loggia im Erdgeschoss. Der prächtige **Palazzo Piccolomini** begrenzt die Ostseite, der **Palazzo Borgia**, ehemals bischöflicher Palast, die Westseite des Platzes. Im **Museo Diocesano**, einem Renaissancepalais neben dem Palazzo Borgia, sind wertvolle Tafelbilder aus dem 14. Jahrhundert sowie das Gewand von Papst Pius II. zu sehen.

UMGEBUNG VON PIENZA Mittelpunkt des winzigen Orts **Bagno Vignoni** ist das einstige Thermalbecken. Gebadet wird hier allerdings nicht mehr, sondern im Thermalbad des Kurhotels Posta Marucci oder in den natürlichen Becken unterhalb des Ortes.

DER SÜDEN

HAFEN IN CASTIGLIONE DELLA PESCAIA

CASTIGLIONE DELLA PESCAIA An
der Mündung der Bruna, am Rand von Pininen-
wäldern, liegt der im Sommer viel besuchte
mittelalterliche Fischer- und Hafenort.
SEHENSWERT Der beste Ausblick auf den
Ort bietet sich von der Rocca (14./15. Jahrhundert). Auf den Bergsporn, auf dem die Burg
steht, gelangt man durch hübsche alte Gassen. Nach einem Bummel über die Promenade
sollte man den Fischmarkt an der Hafenmauer
aufsuchen.

UMGEBUNG VON CASTIGLIONE
DELLA PESCAIA Durch die herrlichen
Pinienwälder der Pineta del Tombolo fährt
man an der Küste entlang in den Badeort
Marina di Grosseto, wo es einen schönen
langen Sandstrand gibt. Der Küstenabschnitt
zwischen Principina a Mare und Talamone
wurde 1975 zum Naturpark erklärt, um die ur-
sprüngiche Sumpf- und Hügellandschaft der
Maremma zu erhalten: Der Parco Regionale
della Maremma ist zwischen 15. September
und 15. Juni frei zugänglich, im Sommer mit
Ausnahme zweier der acht Wanderwege nur
mit Führer. Auskünfte und Anmeldung in Al-
berese, Centro visite, Via del Bersagliere 7/9

oder in Talmone, Centro Visite e Acquario, Via
Nizza 4, www.parcomaremma.it.

GROSSETO Rund 10 km vom Meer ent-
fernt liegt das ehemalige römische Kastell,
aus dem im Mittelalter Grosseto entstand.
Die Medici verstärkten die Stadtbefestigung,
sechs mächtige Mauerbastionen umschließen
noch heute das historische Zentrum. Doch im
Schwemmland des Ombrone drohte noch bis
ins 19. Jahrhundert die Malaria, die erst mit der
Entwässerung in den 1950er-Jahren endgültig
besiegt wurde.
SEHENSWERT Ein Rundgang auf der Mauer
der Befestigungsanlage, die Leopold II. 1835
in einen Wallgarten umbauen ließ, vermittelt einen ersten Eindruck von der Altstadt. Unüber-
sehbar ist der markante Duomo auf der Piazza
Dante. Die rot-weiß gestreifte Marmorfassa-
de stammt freilich aus dem 19. Jahrhundert.
Nur das Südportal weist noch die Handschrift
von Sozzo di Rustichino (13. Jahrhundert) auf.
Herausragend im linken Querschiff ist die
»Himmelfahrt Mariens« (1474) von Matteo di
Giovanni. Auf der zentralen Piazza Dante hul-
digt ein Denkmal dem letzten habsburgischen
Erbgroßherzog Leopold II. (1797–1870). Wie

ISOLA DEL GIGLIO

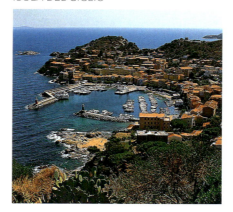

der Dom wurde auch der Palast der Provinz-
regierung historisierend im sienesischen Stil
nachempfunden, das Rathaus neben dem
Dom ähnelt wiederum einem florentinischen
Palast. Im Palazzo del Vecchio Tribunale an der
Piazza Baccarini ist das Museo Archeologico
della Maremma mit Funden aus dem nahen
Roselle untergebracht.

UMGEBUNG VON GROSSETO Knapp
10 km nordöstlich von Grosseto begeistern
Amphitheater und Stadtmauer der noch lang
nicht komplett ausgegrabenen Etruskerstadt
Roselle. 20 km nordwestlich von Grosseto
bildet das heutige Vetulonia ein malerisches
Bergdorf über dem Ombronetal. Dass dies
ebenfalls eine blühende Etruskerstadt war
und reich an Gold und Silber, zeigt das Museo
Civico Archeologico nur bruchstückhaft (Piazza Vetluna). Spannender sind die vier hügelab-
wärts gelegenen etruskischen Monumental-
gräber, besonders die Tomba della Pietrera und
die Tomba del Diavolino mit ihren bis zu 15 m
hohen unterirdischen Kuppeln.

ISOLA DEL GIGLIO Die felsige Insel ist
ein kleines Paradies für Taucher und Badeur-
lauber. Nur drei Dörfer und etwa 1700 ständige
Bewohner gibt es auf Giglio. Die Fährschiffe
von Porto Santo Stefano kommen in Giglio Porto im Osten der Insel an, im Nordwesten liegt
der Badeort Giglio Campese mit einer breiten
Sandbucht, die von einer kleinen Festungsanlage geschützt wird, und in der Mitte das alte
Dorf Giglio Castello.
SEHENSWERT Der umtriebige Hafenort
Giglio Porto ist das Tor zur Insel, und deshalb
findet man hier auch das größte Angebot an
Restaurants, Cafés und Geschäften. Über ein
Serpentinensträßchen erreicht man das befes-
tigte alte Dorf Giglio Castello. Ein Granitfel-
sen, der in eine Ringmauer übergeht, markiert

den trutzigen Eingang. Fenster in der Festung geben den Blick frei in das beschauliche Tal der grünen Insel. Von hier lassen sich auch Wanderungen unternehmen zum höchsten Hügel in diesem Naturparadies, zum Poggio della Pagna (498 m).

UMGEBUNG VON GIGLIO

Wer noch verlassenere Buchten zum Baden und Schnorcheln sucht, auf den wartet die **Isola di Giannutri**, die man ebenfalls von Porto Santo Stefano ansteuern kann. Im nordöstlichen Teil sind Reste einer römischen Siedlung aus dem 1. Jahrhundert zu besichtigen. Dazu gehören eine Therme sowie eine Patriziervilla.

MONTE ARGENTARIO

Von Macchia bewachsene Hügel und eine schroffe Felsküste bestimmen das Bild der sonnenverwöhnten Halbinsel, die über zwei natürliche Sandbänke und einen künstlich angelegten Damm im Lauf der Zeit Anschluss an das Festland erhielt. Landschaftlich sehr reizvoll, wurde der »Silberberg« zum exklusiven Ferienrevier mit schön gelegenen Villen und vielen Buchten, in denen Segelboote ankern.

SEHENSWERT **Orbetello** in der Lagune vor der Halbinsel ist ein verträumtes 15 000-Einwohner-Städtchen mit wechselvoller Geschichte. Über der reizenden Altstadt mit zahlreichen Lokalen liegt ein morbider Charme. Imposante Reste einer Seemauer künden von etruskischen Vorzeiten. Weitere Befestigungsanlagen (16.–18. Jahrhundert), gesäumt von Palmen, Orangenbäumen und rot blühendem Oleander, stammen von den Spaniern, die hier, zwischen Toskana und Kirchenstaat, 250 Jahre lang einen Brückenkopf hatten. **Porto Santo Stefano**, der Hauptort der Halbinsel, hat sich vom Fischer- zum umtriebigen Hafen- und Badestädtchen gewandelt, wo zahlreiche Luxusjachten vor Anker ge-

hen und die Fähren zur Insel Giglio ablegen. Auf den drei Ständen des **Fischmarkts** im Hafen wird täglich der Fang der immer noch rund 30 Fischkutter verkauft. Eine wildromantische Straße mit 5 km Anteil Schlaglochpiste führt rund um die Halbinsel, eine zweite zum höchsten Punkt, dem Monte Telegrafo (635 m) mit seiner mächtigen Antennenanlage. Bei klarer Sicht blickt man bis nach Korsika und erkennt im Landesinneren den Monte Amiata. Im Südwesten liegt in einer kleinen Bucht der dritte Ort auf dem Monte Argentario, überragt von zwei kleinen Kastellen und einem Fort. **Port'Ercole** war vom 16. bis 19. Jahrhundert ebenfalls in spanischer Hand. In der Kirche der malerischen Altstadt wurde 1610 Michelangelo da Caravaggio beigesetzt.

PITIGLIANO

Auf einem von Schluchten umgebenen Tufffelsen thront dieses liebenswerte Städtchen. Der gesamte Hang, auf dem die mittelalterlichen Häuser stehen, ist von Höhlen und Vorratskellern durchzogen. Verwinkelte Treppengassen, Brunnen und Festungsmauern machen aus dem Ort eine einzige Freilichtbühne.

SEHENSWERT Aus dem 14. Jahrhundert stammt der **Palazzo Orsini** mit majestätischen Zinnen, den der Renaissancebaumeister Giuliano da Sangallo später um einen Innenhof mit Brunnen erweiterte. 1545 ließ die Familie einen **Aquädukt** bauen, der von 15 Pfeilern gestützt wird. An der Piazza Gregorio VII. steht der **Dom** mit Barockfassade (18. Jahrhundert). Die jüdische Gemeinde von Pitigliano errichtete im 16. Jahrhundert eine Synagoge, die heute noch genutzt wird.

UMGEBUNG VON PITIGLIANO

Wie verzaubert sitzt das Miniaturstädtchen **Sovana** auf einem Tuffsteinhügel. Es ist wohl noch älter als Pitigliano und noch winziger. Neben

PORTO SANTO STEFANO

der Hallenkrypta des Doms und den Reliefs an seinen Pfeilerkapitellen ist die Kirche Santa Maria ein echtes Kleinod. Sie birgt eines der wenigen frühromanischen Kunstwerke der Toskana, einen Altarbaldachin aus Travertin (8./9. Jahrhundert), ein sogenanntes Ziborium. Über kurvenreiche Waldstrecken geht es zu zahlreichen etruskischen Nekropolen aus dem 4.–2. Jahrhundert v. Chr. Heraus ragt die **Tomba Ildebranda**, ein in den Fels gehauenes Tempelgrab. Die beeindruckende Totenstätte geht auf Gregor II. zurück, der vormals den Namen Hildebrand trug.

SATURNIA

Berühmt für sein schwefelhaltiges Heilwasser ist das Städtchen Saturnia. Die Quellen entspringen etwa 5 km außerhalb, unterhalb des noblen Kurhotels Terme di Saturnia, und ergießen sich über Travertinterrassen in natürliche Becken. Doch auch das Städtchen selbst lohnt sich: Die **römische Festungsanlage**, die auf Caesar zurückgeht, öffnet sich im Westen mit der eindrucksvollen Porta Romana, einem imposanten Torbogen, durch den man zum **Schloss der Familie Aldobrandeschi** gelangt, die im Mittelalter hier das Sagen hatte.

WEINBERGE IM CHIANTI

DATEN UND FAKTEN

FLÄCHE UND EINWOHNER Die Toskana ist eine von 20 Regionen des Landes. Ihre Fläche (23 000 km² mit den sieben Inseln) entspricht etwa der von Hessen. Von den 3,6 Millionen Einwohnern lebt der größte Teil in den Städten, die Landflucht hält vor allem im Süden immer noch an.

LANDESNATUR Weinberge, Weizenfelder und Olivenhaine bestimmen das Landschaftsbild. Über ein Drittel der Fläche ist mit Wald bewachsen. Auf den agrarisch ungenutzen Flächen dominiert die Macchia, die im Frühjahr bis in den Sommer hinein blüht. Ginster, Wacholder, Salbei, Erika, Lorbeer, Zistrose, Myrte und der Erdbeerbaum bilden eine überaus abwechslungsreiche Vegetation.

WIRTSCHAFT Die Toskana liegt geografisch wie ökonomisch zwischen dem industrialisierten Norden und dem weniger wohlhabenden Süden. Auch in der Region gibt es ein Nord-Süd-Gefälle. Zwei Drittel der Erwerbstätigen arbeiten im Dienstleistungssektor, 35 % in Industrie und Handwerk. Der Anteil der bäuerlichen Bevölkerung ist unter 5 % gesunken. Die Industriestruktur ist geprägt von kleineren Unternehmen, die oft Produkte des Agrarsektors verarbeiten, Betrieben der Keramik- und Glasverarbeitung und Firmen, die Gold- und Silberschmuck herstellen. Es gibt größere Zuckerraffinerien und Speiseölproduzenten, auch die Holz verarbeitende Industrie sowie die Textilindustrie haben einen hohen Stellenwert.

TOURISMUS Jährlich reisen mehr als zwei Millionen ausländische Touristen in die Toskana. Im Mittelpunkt stehen die historischen Zentren Florenz, Pisa, Siena, Lucca und Arezzo. Berühmte Kurorte sind Montecatini Terme und Chianciano Terme. Forte dei Marmi und Viareggio stehen an erster Stelle der Seebäder. Ungeschlagen auf Platz eins ist allerdings die Insel Elba, auf der etwa ein Fünftel aller Toskana-Touristen ihren Urlaub verbringen.

GESCHICHTE

UM 900 V. CHR. Die vermutlich aus Kleinasien stammenden Etrusker dringen in die Toskana und in die Po-Ebene vor.

BIS ZUM 6. JH. V. CHR. Blütezeit der etruskischen Kunst und Kultur. Die Etrusker dehnen ihre Macht bis Neapel aus.

351 V. CHR. Nach Niederlagen in Kriegen wird das Etruskerreich fast vollständig von den Römern unterworfen.

410 Die Ostgoten fallen in die Toskana ein.

568 Die Langobarden erobern Norditalien. Hauptstadt des langobardischen Herzogtums Tuscia wird Lucca.

774 Die Franken unter Karl dem Großen übernehmen das Reich der Langobarden. Die Markgrafschaft Tuszien erstarkt und wird größer.

888–962 Die Toskana wird Teil des italischen Reiches.

12. JH. Zwischen den kaisertreuen Ghibellinen und den papsttreuen Guelfen entbrennt ein Generationen währender Streit. Der See- und Fernhandel führt insbesondere in Pisa, Florenz und Siena zu wirtschaftlichem Aufschwung und politischer Autonomie.

1348 Bei einer Pestepidemie stirbt ein Drittel der toskanischen Bevölkerung.

1434 Cosimo de'Medici legt den Grundstein für die 300-jährige Herrschaft des Hauses Medici.

1494 Vorübergehende Vertreibung der Medici durch den Dominikanermönch Savonarola, der 1498 auf dem Scheiterhaufen verbrannt wird.

1530 Die Toskana wird Herzogtum.

1555 Cosimo I. de'Medici erreicht sein Ziel, einen Flächenstaat zu bilden, als Siena besiegt ist und Papst Pius V. ihn 1569 zum Großherzog der Toskana ernennt.

1737 Als letzter Medici stirbt Gian Gastone, dadurch fällt die Toskana an das Haus Österreich- Lothringen.

1808 Napoleon erobert die Toskana.

1815 Beim Wiener Kongress werden die früheren Kleinstaaten wieder hergestellt.

1861 Die Toskana wird Teil des Königreiches Italien.

1921 In Livorno wird die Kommunistische Partei Italiens (PCI) gegründet.

1920ER-JAHRE Die italienischen Faschisten unter Mussolini besetzen die Schlüsselpositionen des Landes. In der Toskana ist der antifaschistische Widerstand zwar größer als in anderen Regionen, doch letztlich auch erfolglos.

1940–1944 Während des Zweiten Weltkriegs werden viele Kunstwerke zerstört oder beschädigt.

1946 Italien wird per Volksabstimmung Republik.

1966 Verheerendes Hochwasser in Florenz.

1970 Die Toskana wird zur italienischen Region und Florenz ihre Hauptstadt.

1975 In 157 von 287 Rathäusern der Toskana haben die Kommunisten das Sagen.

1986 Florenz wird Europäische Kulturhauptstadt.

1993 Ein Bombenattentat in Florenz verursacht große Schäden am Palazzo Vecchio und den Uffizien.

2001 Der Schiefe Turm von Pisa darf nach spektakulären Aufrichtungsaktionen wieder bestiegen werden.

2004 Das Val d'Orcia wird von der UNESCO als »typische landwirtschaftlich genutzte Landschaft« zum Welterbe erklärt.

2007 Castelfalfi samt Burg und 11 km² Land wechselt in den Besitz der TUI AG, die hier ein 5500-Betten-Ressort plant.

2009 Ein Mann aus dem toskanischen Dorf Bagnone knackt den weltweit zweitgrößten Jackpot von fast 150 Millionen Euro.

2010 Nach langen Widerständen weiht Florenz seine Straßenbahnlinie 1 ein.

REGISTER

EXTRA VERGINE – KALTGEPRESSTES OLIVENÖL

IMPRESSUM

KONZEPT, GESTALTUNG, BILDREDAKTION
Grubbe Media GmbH I agenten.und.freunde, München

ART DIRECTION
Iris Streck, München

TEXTE
Rita Henss, Regine Koch-Scheinpflug, Günter Scheinpflug

PREPRESS
PPP, Pre Print Partner GmbH & Co KG, Köln

EXKLUSIVFOTOGRAFIE
Thomas P. Widmann / DuMont Bildarchiv

WEITERES BILDMATERIAL
Fotolia/enrico863: S. 128/129, 145 u. re.; fabiomax:
S. 52/53; IguanaCreativo: S. 100; McKelvie: S. 46
Huber-Images/Fantuz Olimp: S. 120 u. re., Huber:
S. 62/63, Irek: S. 14/15; Kaos03: S. 24
iStockphoto/clodio: S. 112/113, 145 u.li.; DNY59:
S. 92/93, 145 Mitte re.; double_p: S. 120 u. Mitte; eliand-
ric: S. 156; kcline: S. 159; maakenzi: 98/99; MasterLu:
S. 81; miralex: S. 102; mlane: S. 58 u. Mitte; mrohana:
S. 103; peolsen: S. 80 o.; seraficus: S. 66/67, 145 o. re.;
Hoerold: S. 38 u. Mitte; THEPALMER: S. 58 u. li. und
u. re.; TSchon: S. 110; wjarek: S. 80 u. li.
Laif/ANTICOLI-VANDEVILLE: S. 5 u. re., 42; BROGIONI:
S. 36; Bungert: S. 68; Celentano: S. 39, 89, 137; Galli:
S. 29, 34/35, 136; hemis.fr: S. 59 u., 124; Henglein-Klove:
S. 6; Henkelmann: S. 91; Henseler: S. 23; Madej: S. 4 li.,
31; Morandi/hemis.fr: S. 41; The New York Times/Redux:
S. 37; Zahn: S. 60; Zanettini: S. 97 u.
Look/age footstock: S. 54, 61, 101, 130, 135 u.;
Johaentges: S. 127 1. Zeile li.; Maeritz: S. 78, 94; Pompe:
S. 49, 51, 64 o.; Richter: S. 16/17, 20, 72, 85; The Travel
Library: S. 26/27; Wohner S. 135 o.
Mauritius/age: S. 18/19, 28 o., 145 o. li.; Axiom Photo-
graphic: S. 28 u.; CuboImages: S. 40, 55, 82/83, 88, 106,
111, 121, 127 1. Zeile rechts; Cultura: S. 8/9; Harding: S.
122/123; imagebroker/Kutter: S. 32, 127
3. Zeile li.; imagebroker/Randebrock: S. 65; imagebroker/
Siepmann: S. 48; imagebroker/ Stadler: S. 12/13, 30; Kord:
S. 4 re., 44/45, 145 Mitte li.; Mattes: S. 75, 79; Pixtal:
S. 56/57; Rossenbach: S. 76/77; Truffy: S. 5 o.; 138/139;
Westend61: S. 74
Schapowalow/Atlantide S. 141; SIME: S. 140 © für die
Werke von Niki de Saint Phalle: vg bildkunst, Bonn, S. 143
Petriolo Spa & Resort: S. 125
Terme de Saturina: S. 127 3. Zeile rechts und 2. Zeile
Mitte
Visum / SINTESI: S. 108, 109

TITELBILD I SCHUTZUMSCHLAG
Vorderseite: Zypressen in den Hügeln, Val d'Orcia.
Corbis / Sergio Pitamitz / Robert Harding World Imaginary
Rückseite: Lucca, Piazza del Anfiteatro, **LOOK** / The Travel
Library

1. Auflage 2011
© DuMont Reiseverlag, Ostfildern
www.dumontreise.de
Alle Rechte vorbehalten. Alle Angaben ohne Gewähr.
Printed in Germany

ISBN 978-3-7701-8908-3